북큐레이션

책과 사람을 연결하는 힘

북큐레이션

더 생각 인문학 18

초판 1쇄 발행 2019년 6월 28일
　　2쇄 발행 2019년 10월 10일
　　3쇄 발행 2021년 4월 25일
　　3쇄 발행 2022년 9월 30일

지은이 김미정
발행인 김태영
발행처 씽크스마트
주　소 서울특별시 마포구 토정로 222(신수동) 한국출판콘텐츠센터 401호
전　화 02-323-5609
팩　스 02-337-5608

ISBN 978-89-6529-207-4 03300　　정가 15,000원

• 이메일. thinksmart@kakao.com
• 페이스북. @official.thinksmart
• 인스타그램. @thinksmart.official
• 블로그. blog.naver.com/ts0651

• 이 도서의 국립중앙도서관 출판예정도서목록(CIP)은 서지정보유통지원시스템 홈페이지(http://seoji.nl.go.kr)와 국가자료공동목록시스템(http://www.nl.go.kr/kolisnet)에서 이용하실 수 있습니다.(CIP제어번호 : CIP2019020486)

씽크스마트 • 더 큰 세상으로 통하는 길
도서출판 사이다 • 사람과 사람을 이어주는 다리

북큐레이션

책과 사람을 연결하는 힘

김미정

독서의 힘을 새삼 논할 필요가 없다. 빠르게 변화하는 세상에서 독서는 더 큰 지침이 되고 충전할 수 있는 쉼이 될 텐데 책을 읽는 사람들이 점점 줄고 있단다. 북큐레이션을 이해하면 아이도, 어른도 책읽기가 쉬워진다. 책과 사람을 만나게 하는 가장 현명한 길이 북큐레이션이다.

전 교육부 차관, 현 대전대학교 총장 이종서

언제 어디를 가든 책을 들고 가야 안심하는 사람들이 있다. 아무리 정신없이 혼잡한 상황에서도 조용히 집중하며 책을 읽는 사람들이 있다. 아마도 독서하는 것이 습관이 된 사람들의 이야기가 아닐까 한다. 우리의 삶에 유익한 것들은 습관을 들여놓으면 좋다. 책읽기도 그렇다. 이 책에서 만난 독서습관의 출발점은 의외로 간단했다. 독서습관 형성이라는 프로젝트로서 북큐레이션을 알게 되니 무겁게 느끼던 책읽기가 가벼워진다.

국가브랜드진흥원 원장, 서울과학종합대학원대학교 전임교수 김주남

이 책을 읽으면서 나도 모르게 머리를 끄덕였다. 나 역시 독서를 의무처럼, 숙제처럼 생각했다. 그러다보니 독서를 하려고 들면 부담이 앞섰다. 책을 읽고 나서 기억하기 어려울 때도 많았는데, 『북큐레이션』은 잊어버리는 것이 당연하다고 말한다. 북큐레이션을 통해 애쓰지 않아도 책 내용을 기억할 수 있단다. 한 권의 책이 가진 여러 목소리를 들을 수 있도록 책의 활용도를 높이는 북큐레이션, 이 책은 책과 독서에 대한 기존의 내 생각을 흔들어 놓았다.

굿피플인터내셔널 상임이사 강대성

출판사는 책 한 권을 만드는 데 많은 정성을 기울인다. 자식과도 같은 책들이 북큐레이터의 손길을 통해 독자를 만나게 되면

비로소 생기를 가진 책이 된다. 『북큐레이션』을 보니 개인의 성향과 상황에 맞추어 그 사람에게 알맞은 책을 선별하고 전달하는 북큐레이터들의 활동이 기대된다.

전 대한출판협회 회장 고영수

북큐레이션은 사람과 책을 이어줄 뿐 아니라 책과 책을, 전혀 다른 생각들을 이어주는 창조적인 일이다.

2년 전 북큐레이터 하바 요시타카의 북큐레이션 세계를 담은 『책의 소리를 들어라』를 번역하며 깨달은 바가 있다. 인터넷서점 등 인공지능(AI)이나 빅데이터에 기반한 기계적인 책 추천이 따라갈 수 없는 '휴먼 북큐레이션'의 깊이와 가치, 매력이 바로 그것이다.

『북큐레이션』은 책을 다루는 사람들이 공유해야 할 '책의 현장' 이야기를 생생한 목소리로 전한다는 점에서 값지고 귀하다. 북큐레이션의 오늘을 알고 내일을 여는 길잡이가 될 것이다.

책과 사회연구소 대표 백원근

　모든 사람이 책을 가까이 할 수 있도록, 모든 책이 독자를 찾아낼 수 있도록 사람과 책을 연결하고, 책과 책을 연결하는 북큐레이션은 누구나 독자가 될 수 있도록 되도록 하는 데 목적이 있다. 책을 즐겨 읽는 한 사람으로 『북큐레이션』을 통해 더 많은 사람들이 애독자가 되기를 바란다.

협성대학교 교수 최운선

책이
사람을
만든다

출판시장이 어려운데도 수많은 책이 쏟아져 나오고 있습니다. 책이 너무 많다보니 선택에 관한 여러 문제가 생겨나고 있지요. 북큐레이션은 이런 문제의 상당수를 해결해줄 수 있습니다. 책을 소개하는 사람들과 소개받는 사람들 사이에서 북큐레이션이 화제가 되는 이유입니다.

좋은 북큐레이션은 고객이 원하는 책, 고객에게 유용한 정보가 담긴 책들을 상황에 맞추어 찾기 쉽게 보여줍니다. 솜씨 좋은 북큐레이터가 만든 디스플레이는 보는 즐거움을 줄 뿐만 아니라,

저자와 출판사에 예비독자를 찾아내 주기도 합니다.

책을 읽는 사람들이 줄고 있습니다. 시대와 환경의 변화로 인해 정보를 접하는 경로가 다양해졌기 때문이기도 하지만 현대인의 독서 환경에도 문제가 있습니다. 책을 읽는 것이 공부로, 숙제로 느껴져서 책을 읽지 않는다고 합니다. 독서가 부담스럽다는 말이지요. 하지만 독자가 없다면 좋은 책을 만들어내는 일도, 매력적인 북디스플레이를 통해 예비독자를 발굴하는 일도 의미가 없어질 것입니다.

이 책은 이와 같은 상황에서 독자층을 형성하기 위한 하나의 제안입니다. 도서관에 쌓여있는 몇만 권의 책을 독자들의 손에 건네주기 위해 북큐레이션의 기본 원리를 적용해보자는 것입니다. 개개인의 특성과 독서능력에 따라 차근차근 책 읽는 재미를 알게 하고, 그 효과를 경험하도록 돕자는 제안이지요.

독서가 생활화될 수 있도록 책을 읽는 습관을 들이는 것을 염두에 두고 개인별 북큐레이션을 제공해야 합니다. 먼저 10세 이전의 아동들에게 북큐레이션을 제공해야 합니다. 독서습관을 형성하기에 가장 효과적인 시기이기 때문입니다. 아이들이 이때 독서습관을 형성한다면, 전 생애에 걸쳐 독서를 즐기는 독자층이 될 가능성이 큽니다.

또한 독서 교육을 겸하고 있는 공공도서관을 중심으로 시민 북큐레이터를 양성함으로써 독자층을 형성해야 합니다. 이렇게 양성된 시민 북큐레이터가 지역주민을 위해 봉사하면서 사람들이 독서를 할 수 있도록 도울 것입니다. 이것이 곧 독서운동이자, 독자를 형성해가는 길이라고 생각합니다.

북큐레이션의 역사는 짧습니다. 아직 북큐레이션이라는 말을 들어본 사람들도 많지 않고요. 더 많은 사람들이 애독자로 나아가는 길에 작은 징검다리를 놓는다는 마음으로 이 책을 썼습니다.

그동안 강의한 내용을 중심으로 구성된 책이기에 북큐레이션을 궁금해하시는 분들을 비롯하여 도서관, 학교도서관, 지역 작

은 도서관의 사서로, 독서지도교사로 활동하는 분들에게 참고가
되리라 기대합니다.

2019년 3월
도서관에서

목차

추 천 사 · 4
프롤로그 책이 사람을 만든다 · 8

1장 읽는 대로 만들어진다

큐레이션 · 19
문제 해결자

북큐레이션 · 23
북큐레이션은 ○ ○이다

책장편집 · 27
책에 가치와 생기를 입히다 / 일본 츠타야 서점

목적을 가진 프로젝트 · 33
개인별 맞춤 북큐레이션

2장 철학을 담은 북큐레이션은 이렇게

기준 · 41
기준 설정의 예시

테마 · 46

북큐레이션은 북디스플레이가 아니다 / 시사적인 사건에서 생성하기
알려진 영화로 생성하기 / 특별한 행사로 생성하기
게임(TV프로그램)으로 생성하기 / 장소불문 북큐레이션 테마의 예시

선별 · 56
많으면 없는 것과 같다 / 어떻게 골라낼까
대중에 맞추어 도서를 선별할 때

배치 · 64
한 사람을 위한 독서습관 프로젝트 / 어떻게 배치할까

전시 · 74
책에 대한 독창적인 재해석 / 어떻게 보여줄까

3장 북큐레이터는 누구인가

큐레이터 · 83

북큐레이터 · 86
북큐레이터의 전문성은 독서력 / 서점에서 / 도서관에서
독서교육 현장에서 / 가정에서

〈북적북적〉 조선시대에도 북큐레이터가? · 105

4장 책과 사람을 연결하는 힘

내 이야기 · 111
책을 좋아하게 한 결핍 / 나를 살려낸 독서

사람은 무엇으로 사는가 · 117
우리가 책을 읽어야 하는 이유 / 나만의 답을 찾게 해주는 안내자

읽기 위하여 · 123
애독자는 습관으로 독서한다 / 독서습관 들이기

그 사람을 위하여 · 129
생애주기와 발달과업은 독서의 이유

5장 독서습관을 높이는 힘

때 맞추어 · 135
두뇌발달과 독서습관 / 작은 습관부터 시작하라

교육이라서 · 143

서로 다른 출발 · 146
부담이 없어야 한다 / 관심사로부터 시작해야 한다
목적에 맞아야 한다 / 강점을 극대화해야 한다

〈북적북적〉 다중지능을 활용한 북큐레이션 · 169
다중지능의 특징에 따른 북큐레이션

6장. 창의적인 북카테고리

나를 위한 북큐레이션 · 177

커피 책 큐레이션 · 181

어른을 위한 그림책테라피 · 189

〈북적북적〉 아이들을 위한 북큐레이션 수업 사례 · 196
초등학교 북큐레이션 수업 사례(북큐레이터 박양순)
도서관 북큐레이션 수업 사례(북큐레이터 문은경)
작은 도서관 북큐레이션 수업 사례

7장. 북큐레이션이 필요한 공간

우리집 개인서가 · 209
우리집 서가의 책들이 사망한 날짜는 언제일까
맥락이 있는 큐레이션 / 우리 아이 관심으로 서가 만들기

서점들 · 217

철학을 가지고 / 라이프 스타일에 맞추어 / 개성을 담아

큐레이션이 있는 서점 · 223

최인아 책방 / 책방 이듬 / 원주 터득골 북샵
책방 부쿠 / 순천 그림책 전문서점 '도그책방'/ 춘천 데미안 서점
사적인 서점 / 카모메 그림책방

도서관 · 238

평생교육을 위하여 / 책을 이용하기 위하여
대상을 파악하기 위하여 / 도서관 큐레이션 사례

큐레이션이 있는 도서관 · 251

경기도 안양시 파빌리온도서관 / 순천 그림책도서관
군포 중앙도서관 지역작가 큐레이션 / 네이버 라이브러리
오산 꿈두레도서관 / 경기도 이천 마장도서관
경기도 광주 퇴촌면 '책읽는베짱이'

에필로그 책 을 읽는다는 것 · 265

참고문헌 · 269

1장

읽는 대로
만들어진다

큐레이션

우리가 사는 세상에는 너무나 많은 것들이 넘쳐납니다. 생활에 필수적인 물건의 종류 자체도 많지만, 비슷한 기능을 하는 물건을 브랜드마다 조금씩 다르게 만들어내기 때문이기도 합니다. 정보도 마찬가지지요. 메일함에는 하루에도 수십 통의 새로운 정보가 쌓여 있습니다.

넘쳐나는 물건과 정보는 그만큼 사람들의 취향이 다양하다는 데서 비롯된 결과물이지만, 이러한 상황은 좀 더 나은 것을 구매하고 소비하려는 사람들의 선택을 어렵게 만들기도 합니다.

이미 한번쯤 들어보셨지요? '선택장애'라는 말. 지금 우리 주변에는 '많음'에서 비롯되는 선택장애, 결정장애를 겪는 사람들이 의외로 많습니다. 저만하더라도 지인들과 무얼 먹으려할 때

자주 하는 말이 있지요. '아무거나.' 이것도 선택장애라고 볼 수 있지 않을까요?

뭐든 잘 먹으니 무엇을 선택하든 상관없다는 말일 수도 있지요. 하지만 저는 입이 좀 짧은 편인지라 이왕이면 제 입맛에 맞는 음식을 선택하고 싶답니다. 그런데도 '아무거나'라고 하는 건 잘 먹을 수 있는 무언가가 여러 개라 선택하기 어렵다는 뜻이 더 크지요. 이럴 때 매니저가 센스 있게 메뉴를 추천해 준다면 '좋아요, 그걸로 주세요.' 하고 바로 결정하게 되지요. 이게 저만의 경험은 아니라고 생각합니다만.

선택지가 많아서 고민하는 나를 누군가가 도와준다면 좋겠다고 생각해보신 적 있지요? '나보다 더 그 분야를 잘 알고 있어서 같은 돈을 쓰더라도 최고를 선택할 수 있으면 좋겠어.'라는 생각 말이지요.

그래서 요즈음 '큐레이션'이라는 말이 유행합니다. 어디선가 한 번쯤은 들어본 말, 큐레이션, 큐레이터. 지금 우리의 일상에 자연스럽게 확대되고 있으니 앞으로는 이 단어가 낯설지 않게 될 것이라 생각해요. 이미 식품, 약품, 게임, 영화, 화장품, 패션 등 다양한 분야에서 큐레이션이 접목되고 있고 그 일을 전문적으로 하는 사람들이 많으니까요.

큐레이션의 원 뜻은 '돌보다, 보살피다'라고 합니다. 이 어원에서 우리는 돌보고 보살필 그 '무언가'는 돌보고 보살필 만큼 귀하고 중요한 것이라고 짐작할 수 있습니다.

문제 해결자

그러면 과거에 귀하고 중요한 것은 과연 무엇이었을까요? 그림이나 글, 조각품처럼 옮기기 쉽고 수집하기 좋은 값 비싼 것으로 귀족이나 부자의 취미생활과 관련된 예술품이었다고 해요. 그래서 큐레이션이라는 직능과 큐레이터라는 직업은 미술관이나 박물관에서 시작되었던 것입니다.

그렇다면 오늘날 큐레이션은 어떤 의미일까요? 네이버 지식백과에서는 '큐레이션(curation)이란, 다른 사람이 만들어 놓은 콘텐츠를 목적에 따라 분류하고 배포하는 일'이라고 합니다. 『큐레이션』(예문아카이브, 2016)의 저자 '마이클 바스카'는 '큐레이션이란 문제해결이다.'라고 말합니다. 두 정의가 나름대로 통하고 있지 않은가요? 다른 사람이 만들어 놓은 콘텐츠를 목적에 따라 분류하여 배포하면 문제가 해결된다는 결론으로 말입니다.

이러한 큐레이션이 점점 더 세분화되고 있습니다. 디지털 큐레이션, 빅데이터 큐레이션, 콘텐츠 큐레이션, SNS 큐레이션 등

마케팅을 목적으로 한 큐레이션의 영역으로 점차 확대되고 있지요. 이렇게 세분화된 큐레이션은 방대한 지식정보 분야, 비슷한 기능을 가진 다양한 상품의 영역에서 보다 나은 서비스를 제공할 수 있게 됩니다.

북
큐레이션

당연히 책도 큐레이션이 필요한 실정입니다. 책, 아시다시피 너무너무 많잖아요. 도서관은 자꾸 생겨나고 도서관마다 책이 꽉꽉, 서점을 하겠다는 사람들도 많아서 새로 생기는 서점마다 책이 꽉꽉, 우리 집에도 작은 도서관 못지않게 많은 책이 꽉꽉.

그런데도 해마다 어마어마한 책이 출간된다고 해요. 통계에 따르면 2017년 한 해에만 무려 8만종에 이르는 책이 출간되었다고 합니다. 매년 적어도 이 정도의 책이 출간될 것입니다. 이러한 책의 홍수 속에서 우리는 어떤 책을, 어떻게 골라내어 읽어야 할까요? '너무 많음'에서 비롯되는 '선택장애'는 읽고 싶은 책을 고르는 데서도 마찬가지입니다.

북큐레이션이 필요한 또 하나의 이유가 있습니다. 책을 읽지 않는 현실 때문입니다. 책을 읽지 않는 이유는 사람마다 다르겠지만, 책을 읽는 것이 우리의 삶에 여러모로 유익하다는 것을 깨달아야 합니다. 책이 더 많은 사람의 생활 속으로 들어와야 합니다. 책을 읽는 사람들이 따로 존재하는 것이 아니니까요. 저마다의 상황에 따라 관심을 가지고 손이 가는 책이 다를 뿐이고, 책을 읽는 목적이 다를 뿐이지요. 북큐레이션은 좀 더 많은 사람이 책을 읽도록 동기를 부여하는 일이기도 합니다.

사놓고도 읽지 않는 책을 읽기 위해서도 북큐레이션은 필요합니다. 가정마다 책장에 곱게 쌓인 책더미, 비싼 돈을 주고 사들인 전집류도 있고, 키우는 아이들을 위해 박스째로 사들인 책들도 있고. 사실은 참 골칫거리입니다. 잘 안 읽으니 정리해야 하는데 그게 쉽지 않잖아요. 아까워서 그러지요. 돈 생각해도 아깝고, 들여놓은 지 몇 해 되었어도 여전히 깨끗해서 버리기도 너무 아깝지요. 어찌 미련 없이 훌훌 정리할 수 있겠습니까?

이럴 때 북큐레이션을 적용하면 됩니다. 쌓여 있는 책들을 처음 살 때 가졌던 마음, 그대로 읽어나갈 수 있으니까요. 방법이 있답니다.

북큐레이션은 ○○이다

이쯤에서 '북큐레이션은 무엇이다.'라고 개념을 정의해볼까요?

- 북큐레이션은 책장편집이다.
- 북큐레이션은 목적을 가진 프로젝트다.

이 개념들은 북큐레이션을 상황에 따라 정의한 것입니다. 하나는 서점을 중심으로 북큐레이션을 설명하는 사람들의 관점에서, 다른 하나는 그동안 북큐레이션 강의를 진행해 온 저의 시각에서 정의한 것입니다.

요즘 서점에 가보면 화려한 도서 디스플레이를 볼 수 있습니다. 대부분의 사람들은 이러한 서점 디스플레이, 즉 '책장편집'이라는 측면에서 북큐레이션을 생각하기 마련입니다. 그런데 저는 오랫동안 교육 현장에서 책을 활용하면서, 북큐레이션은 책만이 아니라 그 책을 읽을 사람들을 위한 프로젝트여야 한다고 생각해왔습니다. 물건보다 그 물건을 이용할 사람이 중요하니까요. 책이란 독자 없이 존재할 수 없잖아요.

오늘날 우리가 접하는 큐레이션은 마케팅의 관점이지요. 상품을 팔기 위한 근본적인 출발점에서 종착점까지 고객에게 맞추어나가는 전략, 그래서 그 고객을 고정고객으로 만들 수 있는 전체적인 기획과정이라고 저는 생각합니다. 그러므로 서점이 북큐레이션에 관심을 갖는 이유를 쉽게 이해할 수 있습니다. 북큐레이션을 통해 더 많은 책을 판매하는 것, 시대의 흐름에 맞는 너무나도 자연스러운 생각이지요.

이러한 큐레이션의 마케팅적 전략을 독자를 형성하는 과정에 접목할 수 있습니다. 아무리 좋은 책과 북큐레이션도 독자 없이는 의미가 없으니, 마케팅의 장점과 절실함을 독자층 형성에 적극적으로 활용하자는 것이지요. 한 사람 한 사람의 독자를 책을 놓을 서점으로 보고, 거기에 놓인 서가를 그 사람에 맞게 채워나가는 일, 가능하지 않을까요?

북큐레이션은 책의 판매뿐만 아니라 독자층 형성을 위해서도 폭넓게 해석되어야 합니다. 북큐레이션은 독서 환경이 무너져가고 독자들이 사라져가는 지금의 상황을 해결하는 데 제격입니다. 또한 독자를 발굴하기 위해서도 중요한 미션이 되었습니다.

책장
편집

큐레이션에는 목적이 있어야 합니다. 목적이 분명해야 처음부터 방향을 제대로 설정할 수 있고, 그렇게 설정된 방향은 큐레이션을 통해 효과를 끌어낼 수 있기 때문입니다. 북큐레이션도 마찬가지입니다. 서점이라면 책 판매에 맞게 큐레이션을 해야 책을 한권이라도 더 판매할 수 있습니다. 도서관도 적절한 큐레이션을 해야 더 많은 사람이 책을 이용할 수 있을 것입니다.

어떤 공간에서 어떤 목적으로 북큐레이션을 기획하는가, 어떤 사람에게 어떤 목적으로 그에 맞는 북큐레이션을 해야 하는가를 늘 고민해야 합니다. '올바른 목적을 세우고 그에 맞는 북큐레이션을 해야 한다.' 너무나도 당연한 말이겠지요?

앞에서 우리는 북큐레이션을 두 가지 상황에서 정의했습니다.

기억하시나요? 서점이나 도서관에서 책과 관련한 일을 하는 사람들에게 북큐레이션은 '책장편집'과 같습니다.

편집이라는 말은 '일정한 방침에 따라 여러 가지 재료를 모아 신문이나 잡지, 책 등을 만드는 일'입니다. 시각적인 북큐레이션 (도서 디스플레이)을 표현하기에 알맞은 단어라고 생각합니다. 편집으로 거듭나는 책장은 사람들의 눈길을 모으기가 쉽지요.

우선 예쁩니다. 편집된 책장에 놓인 책은 대부분 책표지를 보여주거든요. 그동안 책은 책등이라고 하는 두께가 드러나는 측면만을 보여줬잖아요. 이 경우에 좋은 책을 발견하기란 쉽지 않아요. 눈을 부릅뜨고 들여다봐야만 읽을 만한 책을 찾게 되잖아요.

전면진열은 책을 쉽게 발견할 수 있게 해요. 사람으로 말하자면 얼굴을 보여주는 것과 같아서, 책의 아름다운 이목구비, 개성 만점인 이목구비를 제대로 볼 수 있지요. 크게 적힌 제목이, 애써 그려 넣은 삽화가 우리를 그냥 지나치지 못하게 해요. 자기를 한번 봐달라고 유혹이라도 하는 듯, 예쁜 표지들이 각양각색의 표정으로 책장에 놓여 있는데, 책이 좋아서 서점을 찾은 사람들이 어떻게 그냥 지나칠 수 있을까요?

만져도 보고, 뒤적거려도 보고. 그러다 한두 줄 읽어보면 마음이 가죠. 내 마음을 알아주는 것도 같고, 나 들어보라고 하는 소리 같기도 해서 더 읽고 싶은 마음이 생긴단 말이지요. 그러면 사게 되잖아요. 마음을 뺏겼는데 어찌 그냥 오나요. 사서라도 데려 와야지요.

책에 가치와 생기를 입히다

이렇게 진열만 바꾸어도 서점의 매출이 오른다고 합니다. 왜 아니겠어요? 견물생심인데. 몰라서도 살 수 없었던 책, 알았어도 굳이 필요하지 않아서 잊어가던 책, 살까말까 망설였던 책 들이 큐레이션으로 가치를 얻고 생기를 얻어 비로소 책이 되는 것, 정말 감동이지요.

간단히 말하면 이런 것부터 책장편집이라고 할 수 있어요. 편집이라는 의미대로 여러 가지 콘텐츠를 모아서 기존의 책장 진열 방식에서 벗어났으니까요. 책장에 책을 놓되, 관련이 있는 것들을 묶어놓아요. 관련이 있다는 것은 어떤 관점으로 보느냐에 따라 다르겠지만, 가볍게는 비슷한 제목의 책, 비슷한 소재의 책, 같은 작가의 책, 시대적 배경이나 공간적 배경이 비슷한 책 등의 맥락으로 묶어놓는 거지요.

이러다 보면 기존의 분류 방식이 흐트러지게 마련이지요. 그래서 '재배치'라는 말이 큐레이션의 핵심이라고도 볼 수 있어요.

기존의 십진법 분류로 자리 잡은 책들이 주제에 따라 이리저리 옮겨가고 다른 목소리를 내게 되니까요.

가려져 있어서 잘 보이지 않았던 책들이 주제에 따라 목소리를 내며 제대로 자기를 드러내고 있으니 어떻게 우리 눈에 띄지 않겠어요. 거기다 음반이나 사진, 그림, 소품 등이 책장을 의미가 있으면서도 아름답게 꾸며내고 있는데 말이지요. 이래서 책장편집은 예비 독자를 발굴하는 목적으로 이루어집니다.

예비독자를 발굴하는 책장편집이 곧 북디스플레이입니다. 서점 못지않게 북디스플레이가 중요한 곳, 어디일까요? 도서관이지요. 우리 동네에 있는 크고 작은 도서관 역시 북디스플레이에 신경 써야 합니다. 지역주민들이 필요로 하는 정보나 지식을 제공하고 이용하게 해주는 공간이니까요.

도서관은 북디스플레이뿐 아니라 서점에서 행하고 있는 마케팅의 절실함도 겸해야 한다는 것, 저만의 생각이 아니길 바라봅니다. 사서 선생님들이 해놓은 매력적인 북큐레이션을 적극적으로 지역주민들에게 알려야지요. 더 많은 사람이 북큐레이션을 통해서 더 많은 책을 발견하고 읽을 수 있도록 말입니다.

일본 츠타야 서점

우리나라의 서점 북큐레이션은 일본 서점 분위기를 많이 따라가고 있어요. 최근 새롭게 단장하는 중·대형 서점은 거의 일본의 츠타야 서점의 진열방식과 매장 분위기를 상당히 참고하고 있습니다.

일본 다이칸야마에 있는 츠타야를 처음 방문할 때만 해도 우리나라 서점과는 사뭇 다른 분위기였습니다. 서점 안에 자리 잡은 편의점, 책과 잘 어울리는 커피를 파는 스타벅스 매장, 무엇보다도 찬찬히 책을 살펴보거나 읽을 수 있는 테이블과 좌석까지. 우리나라의 기존 서점에서는 좀처럼 볼 수 없는 분위기였지요.

큐레이션 서점은 이렇게 서점의 분위기를 바꾸는 것뿐만 아니라, 기존의 서점과 다른 방식으로 책을 분류합니다. 새로운 진열방식을 통해 고객의 관심을 끌어내기 위해서입니다. 『책의 소리를 들어라』(책의 학교, 2017)의 주인공, 하바 요시타카의 북큐레이션이 대표적인 예입니다. 하바 요시타카는 자신이 재미있다고 생각하는 책을 일반인과 어떻게 만나게 할 것인지 고민한 뒤, 자신만의 관점으로 연결성을 찾아 책장을 편집한다고 합니다.

기존의 십진분류법과 달리 독자가 쉽게 접근할 수 있도록 책을 보여주는 주제별 진열 또는 스토리식 진열이 인기입니다. 이러한 방식은 미술관의 전시기획 과정과 닮았습니다. 큐레이터의 독특한 관점을 고스란히 드러내는 미술작품 전람회처럼, 북큐레이터로서 책에 대한 독특한 관점을 드러내어 책장을 편집하는 것입니다. 북큐레이터의 차별화된 분류와 구조화가 특징인 '프로젝트 북큐레이션'으로 도서 판매율을 올리는 서점이 늘어나고 있습니다.

목적을 가진
프로젝트

앞서 말씀드린 대로 큐레이션은 목적이 있어야 합니다. 그렇다면 책장편집(북큐레이션의 첫 정의)의 목적은 예비독자를 발굴하는 것이라 할 수 있습니다. 예비독자의 발굴은 서점에서는 매출로, 도서관에서는 이용률 증가로 이어진다고 볼 수 있어요. 그 책을 사거나 빌려갈 사람을 찾아냈다는 말이 되니까요.

그런데 이때의 '예비독자'는 이미 어느 정도 책을 읽어내는 사람들이 되겠지요. 서점이나 도서관에 오는 사람이라야 책장편집한 것을 볼 수 있을 테고, 거기에 진열된 책을 이용할 수 있으니말입니다. 결국 '모든 책을 그 사람에게' 연결하고자 하는 책장편집의 목적은 간헐적 독자(즉, 서점이나 도서관을 가끔이라도 이용하는 사람으로 봄) 이상을 대상으로 하는 셈이지요.

그러면 간헐적 독자 이하 책을 전혀 읽지 않는 비(非)독자는 어떻게 해야 할까요? 책을 읽어야 하는 이유도 모르고, 그 필요성도 느끼지 못해서 책을 읽지 않는다고 하니 그냥 그대로 모른 척해야 할까요? 책을 읽고도 싶은데 무엇을 읽어야 할지도 잘 모르겠고, 책 읽는 습관이 안 되어 있어서 못 읽겠다는 사람들을 그대로 내버려 둘까요?

모든 책에 맞는 독자를 찾아 연결해주는 것 못지않게, 모든 사람에게 맞는 책을 연결해주는 독자 발굴 역시 중요합니다. 오히려 '책에 맞는 사람을 찾아주는 것'보다 더 중요하다고 저는 생각합니다. '사람을 위한 책'이니까요.

'사람을 위한 책'이기에 '목적을 가진 프로젝트로서의 북큐레이션'을 생각합니다. 책 읽는 것이 두려운 우리 아이들, 책을 읽기에는 이미 늦었다고 생각하는 우리 주변 사람들, 책 읽는 사람은 따로 있다며 나는 안 읽어도 된다고 생각하는 사람들을 독자로 발굴하기 위한 프로젝트로 '북큐레이션'을 생각합니다. 개인을 하나의 서가로 바꾸어 생각한다면 불가능할 것도 없을 거예요.

독자가 사라지고 있다는 요즘, 독자 없는 북큐레이션은 누군가의 우려처럼 그냥 지나가는 유행이 될지도 모릅니다. 그러나 저는 시대가 변해도 독서의 가치는 변하지 않을 거라고 봅니다.

여러분은 어떻게 생각하시나요?

개인별 맞춤 북큐레이션

우리가 세상을 살아가는 데 있어 독서는 중요한 가치를 지니고 있습니다. 아시다시피 책읽기의 효과는 정말 크고 다양하니까요. 그러니 개인에게 맞추어 주는 북큐레이션이 필요합니다.

즉, 개개인의 독서환경이나 독서분야, 이해력이나 집중력 등을 파악하고 그것을 참고한 맞춤형 북큐레이팅을 통해서 개개인이 애독자가 될 수 있도록 돕는 거지요.

미래의 애독자층을 형성하기 위해서는 어떤 프로젝트가 좋을까요? 저는 '습관형성'이라고 생각합니다. 습관을 들인다는 건 여러모로 유익하잖아요. 삶을 바꿀 수도 있는 좋은 습관이라면 말이죠. 책을 읽는 건 물론 좋은 습관일 테고요.

목적을 가진 프로젝트 북큐레이션은 습관형성 외에도 개인의 필요와 상황에 맞는 목적을 설정할 수도 있어요. 한창 공부해야 하는 시기에는 학습에 도움을 주는 북큐레이팅을 한다거나, 특별히 심리적으로 혼란한 시기라면 그에 맞는 북큐레이팅을 한다거나, 중년기에 접어들어 맞닥뜨리는 새로운 상황에 도움을 주는 북큐레이팅을 할 수 있지요.

이와 같이 개인 맞춤형 북큐레이션은 생애주기와 관련하여 각 주기에 이루어야 할 발달과업에 필요한 독서목적을 이룰 수 있도록 해줍니다. 이런 측면에서 '북큐레이션은 목적을 가진 프로젝트'라고 할 수 있겠습니다.

개인의 목적을 위한 프로젝트 북큐레이션에도 책장편집은 유용합니다. 개인의 서가를 편집하는 것이지요. 집마다 책이 없는 집은 없더라고요. 아마 애들 키우는 집은 더 어마어마할 테고요.

하지만 너무 많으면 없는 것과 같다고 하잖아요. 서가에 책이 가득히 꽂혀 있어 읽을 책을 찾을 수 없는 거예요. 재미있겠다 싶은 책도, 호기심을 생기게 하는 책도, 서가에 책이 너무 많으니까 눈에 쉽게 들어오지 않는 거죠.

가장 큰 피해자는 우리 아이들입니다. 엄마의 넘치는 교육열로 책을 가득가득 쌓아놓은 뒤에, 아이에게 맞는 책을 골라주지도 못하면서 읽지 않는다고 혼내기만 하니까요. 서점에서, 도서관에서 예비독자를 발굴하기 위한 책장편집의 포인트를 우리 집 서가에도 적용해보자고요. 그래서 우리 집에서 미래의 애독자를 만들어낸다면 더할 나위 없이 좋겠지요.

2장

철학을 담은
북큐레이션은
이렇게

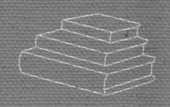

큐레이션은 우리 삶에 좀 더 명확한 관점을 줍니다. 지나치게 많은 것 중에서 가치 있는 것을 선별해 줌으로써, 더 나은 것을 더 쉽게 선택하게 해주니까요.

큐레이션은 선택의 폭이 너무 넓은 데서 비롯되는 문제를 해결하는 데 중점을 둡니다. 기준에 따라 중요한 것은 선택하고, 중요하지 않은 것은 과감히 덜어내거나 없앱니다. 이러한 과정을 통해서 보다 '적은 선택의 폭' 위에서 '어떤 식으로 상품과 사람을 연결하여 경제적인 상황을 만들어나갈지 고민'하는 것이 바로 큐레이션입니다.

북큐레이션은 큐레이션의 이러한 고민을 도서시장과 독서환경에 접목하는 것입니다. 따라서 이를 행하는 북큐레이터는 단순히 책을 골라주는 사람이 아니라, 책을 선택하는 과정 전체에 대한 전문가여야 하겠습니다. 선별, 배치, 정제, 전시, 설명, 보호 등 제거하고 축소해나가는 일련의 과정을 통해서 북큐레이터만의 남다른 관점을 보여주어야 하는 거죠.

이는 많은 경험에 의해 얻은 개인적 역량인 판단력, 직관력, 통찰력, 높은 수준의 지식 등을 바탕으로 이루어집니다. 책을 원하는 사람들이 만족해하는 '그 사람의 책'을 건네줄 때 북큐레이터들은 북큐레이션이 고민하는 문제를 해결할 수 있을 것입니다.

북큐레이션의 과정 또한 큐레이션의 과정과 다를 바 없습니다. 책을 선별한 후 그 책들을 둘 자리나 순서를 생각하고 다시 한번 확인하는 과정을 통해 최종적으로 디스플레이하는 과정까지는 일반적인 큐레이션의 선별, 배치, 정제, 전시의 과정 그대로입니다.

그런데 어떤 이론이든 상황에 따라 조금씩 차이를 보이듯, 북큐레이션 역시 큐레이션의 과정을 전적으로 따라 하기에는 맞지 않은 특수성이 있습니다. 책을 큐레이션하는 데 있어 설명하거나 별도로 보호하는 과정은 디스플레이가 강조되는 공간에서는 그다지 잘 이루어지지 않는다는 것입니다. 책을 설명하고 책을 보호하는 과정은 독서교육이나 동아리 활동 등과 같은 개인적인 공간에서 더 자주 일어나고 있습니다.

기준

학교 다닐 때, 체육시간이 되면 으레 운동장으로 나가 집합합니다. 집합한 상태에서 체육 선생님은 잠깐 수업에 대해 말씀하시고는 곧 누군가를 향해 눈과 턱으로 신호를 줍니다. 그러면 곧, 선생님의 신호를 받은 아이는 한 손을 번쩍 들며 큰소리로 외칩니다.

"기준!"

우리는 '기준'이라고 외치는 소리에 맞추어 양팔을 벌려 대열을 만들었고, 수업이 끝날 즈음엔 다시 '기준'이라고 외치는 소리에 맞추어 처음 대열로 돌아왔지요. 체육시간은 기준 없이 시작할 수 없었고 기준 없이 끝낼 수 없었습니다. 그만큼 '기준'이 중요합니다.

북큐레이션에서도 기준을 먼저 정하는 것이 중요합니다. 마치 자동차를 운전하기 위하여 키를 먼저 챙겨야 하는 것처럼요. 기준을 설정함으로써 북큐레이션의 전체적인 흐름으로 나아갈 수 있어요. 자동차의 내비게이션에 목적지를 정하고 나서 출발하는 것처럼, 기준을 정해야 북큐레이션이 목적을 향해 나아갈 수 있지요. 이처럼 기준을 설정하는 것은 북큐레이션을 시작하고 마무리하기 위하여 놓쳐서는 안 될 기본입니다.

그렇다면 무엇으로 기준을 설정하면 좋을까요? 우선, 어디에서 이루어지는가 하는 '공간', 누구를 위한 것인가 하는 '사람(예비독자)'이 기준이 됩니다.

그런 다음 '시기'도 생각해볼 수 있지요. 봄인지, 가을인지 하는 계절이나 학생인지, 어른인지 하는 연령도 기준이 될 수 있으니까요. 더 나아가서 진학, 취직, 여가 등 개인의 구체적인 상황에 맞추어 도서 선별을 위한 기준을 설정할 수도 있어요.

독서는 삶의 어느 한 단계에서만 필요한 것이 아닙니다. 인생의 모든 단계에서 책이 활용되어야 합니다. 따라서 독자층을 형성하기 위한 북큐레이이션의 기준은 생애주기와 그에 따르는 발달과업이 되어야 합니다. 그렇게 하면 유용한 큐레이션을 할 수 있을 뿐만 아니라, 예비독자들이 관심과 흥미를 가질 확률이 높아집니다.

다음은 생애주기와 발달과업을 참고한 기준 설정의 예시입니다. 이를 바탕으로 연령별 북큐레이션의 기준을 설정해보시기 바랍니다.

기준 설정의 예시

① **시기별** : 계절에 따라, 월별에 따라 일상 속에서 접할 수 있는 삶의 이야기
  - 봄 : 꽃, 날씨, 시작, 가족, 사랑, 나비, 역사 등.
  - 여름 : 벌레, 바다, 휴가, 여행, 건강, 과일 등.
  - 가을 : 나무, 시간, 열매, 결과, 변화, 이별 등.
  - 겨울 : 선물, 나눔, 배려, 휴식, 희망, 절망, 기다림 등.

② **연령별** : 생애주기에 따라 맞닥뜨리는 인간의 발달과업(요람에서 무덤까지)
  - 영아기 : 대뇌, 감각기관, 인지, 언어 발달특징과 관련한 두뇌 발달, 애착, 신뢰, 안정감 등의 발달과업이 주어지는 시기.
  - 유아기 : 근육, 인지, 언어, 사회성 발달특징과 관련한 개인의 생활 습관, 공동체의 규칙, 질서, 어휘력 확장, 친구

등의 발달과업이 주어지는 시기.

- 아동기 : 신체 발달, 운동기능 발달, 지적호기심, 또래집
  단 형성의 발달과업이 주어지는 시기
- 청소년기 : 급격한 신체성장기로 성적 성숙, 가치관 형성,
  지적, 도덕적, 사회적 발달과 진로탐색으로 성인이 되기
  위한 준비의 발달과업이 주어지는 시기.
- 성인기 : 결혼, 가정, 직업을 가짐으로써 배우자 선택과
  책임 있는 사회 구성원으로의 역할 수행과 개인적인 신념
  과 가치 체계를 확립하는 등의 발달과업이 주어지는 시기.
- 중년기 : 신체적 노화기에 접어들게 되며 직업이 안정되거
  나 직업 전환의 시기로 건강한 생활 유지와 행복한 가족관
  계 유지, 직업 유지, 인생철학, 중년기 위기를 관리해야 하
  는 발달과업이 주어지는 시기.
- 노년기 : 운동기능이나 감각기능 등 체력이 저하되는 시기
  이며 사회적 활동이 감소하는 시기로 건강관리와 주변 환
  경의 변화를 긍정적으로 수용하며 죽음에 대해 생각하는
  등의 발달과업이 주어지는 시기.

③ **목적별** : 개인의 특별한 상황에서의 독서목적에 따라 기준을
설정하는 것으로 독서습관을 만들기 위한 프로젝트, 학교 교과

과정에 도움이 되는 목적이나 취업, 결혼, 인간관계, 자기 자신을 위한 목적으로 기준을 설정.

④ **공간별** : 공간 기능과 목적에 따라 기준을 설정해보는 것으로 책을 필요로 하는 기업, 개인 공간, 공공 도서관 등의 역할이나 목적에 따라 기준을 설정.

⑤ **행사별** : 행사를 위한 기준 설정은 주로 도서관을 중심으로 책과 관련한 문화 행사를 기획하는 경우. 여기에 개인의 삶에서 결혼, 생일 등 가족과 이웃과 함께 기념할 만한 중요한 모임을 목적으로 기준을 설정.

테마

여기서부터 북큐레이터의 남다른 해석과 남다른 관점이 묻어납니다. 북큐레이터의 큐레이션 의도와 맥락을 소개하는 창의적인 메시지를 담아서 짧고 단단하게 표현해야 합니다. 그래야 책장 편집의 목적을 향한 출발선에 예비독자를 세우게 되니까요. 남다른 생각, 독특한 관점을 표현하는 테마를 찾아내기는 쉽지 않습니다. 누가 들어도 '와우!' 하고 감탄할 만한 근사한 테마를 생각해낸다면 참 좋겠지만 말입니다. 그래도 저만 어려워하는 건 아닌 듯해서 위로가 됩니다.

북큐레이션에도 분명한 테마가 있어야 합니다. '테마(Theme)'라는 말은 사용되는 분야에 따라 해석이 조금씩 다릅니다. 그러나 어느 분야에서 사용되든 타인과 소통하기 위해 의도, 의견, 사상 등의 핵심을 갈무리한 것입니다.

테마는 표현하고자 하는 의도나 의견을 분명하고 구체적으로 제시하는 것을 원칙으로 합니다. 북큐레이션의 테마 역시 같은 맥락으로 이해할 수 있습니다.

어디, 남다른 나만의 독창적인 테마를 찾아내는 비법이 있을까요? 북큐레이션의 테마는 짧은 시간 내에 사람들의 관심을 끌어야 하는 광고 카피와 같아요. 그래서 쉽지 않은가 봐요. 머리를 싸매고 생각한다고 되는 일이 아니라서 비법이 있다면 특별 처방이라도 받고 싶었어요.

그래서 나름대로 찾아보았습니다. 한 번에 창의적인 테마가 쑥, 하고 솟아오르게 하지는 못해도, 우리가 평소에 어떤 방법으로 우리의 삶에 귀 기울일 수 있는지, 어떻게 폭넓은 삶의 지혜를 갖출 수 있는지에 대한 작은 도움말 정도는 될 듯해서 지금부터 말씀드리고자 합니다.

미국의 유명한 심리학자 미하이 칙센트미하이는 창조적인 사람이 될 수 있는 3가지 요건으로 전문적 지식, 창의적 사고, 몰입을 제시합니다. 그의 저서 『몰입 flow』(한울림, 2004)에 따르면 창의성은 한 개인의 머리에서 나오는 것이 아니라 여러 조건에서 어우러져 빚어내는 상승작용의 결과라고 해요. 풍부한 경험과 사유, 독서, 만남, 예상치 못한 일들의 어우러짐 속에서 사유가 깊어지고, 이것이 다시 창의적인 생각으로 이어진다고 합니다.

북큐레이션의 출발은 창의적인 테마를 생성해내는 것입니다. 거기에 책을 해석하고 대하는 북큐레이터의 창의적인 관점을 더해서 책과 사람을 연결하는 것에 북큐레이션이 추구하는 가치가 있고요.

북큐레이션은 북디스플레이가 아니다

어디를 가봐도 서점 분위기는 크게 다르지 않았습니다. 책의 표지가 보이는 전면진열과 또 다른 컨텐츠의 결합. 한국의 서점도 일본의 서점도 유럽의 서점도 눈으로 확인되는 것에서는 별 차이를 느낄 수 없었어요. 그래서 생각했어요. 북큐레이션, 뭐지? 저 정도의 일을 하는 데 전문적인 역량이 필요한 건가?

사람들은 보통 북디스플레이를 북큐레이션으로 오해합니다. 북큐레이션을 처음 접하는 사람은 더욱 그렇게 생각합니다. 누구나 할 수 있는 저 정도의 일을 하려고 시간 들여 자격을 얻어야 하는지 모르겠다는 반응이지요.

설마 북큐레이션이 표지를 보여주는 전면진열과 적절한 소품

배치가 다겠어요? 그런 것은 누구라도 흉내 낼 수 있는 형식에 불과하잖아요. 어깨너머로 살짝 보기만 해도 흉내 낼 수 있는 정도로 형식적인 것을 북큐레이션이라고 생각하는 데는 문제가 좀 있습니다.

관점을 담은 북큐레이션은 누구나 간단히 할 수 있는 일은 아닐 겁니다. 이게 북큐레이션의 매력이고 많은 사람이 관심을 갖는 이유겠지요. 북큐레이션이 할 만하다고 해서 누구나 서점을 차리는 건 아닙니다. 저 역시 서점 창업을 위한 북큐레이션 강의를 하는 사람은 아니고요.

북큐레이션의 핵심을 필요로 하는 삶의 현장은 다양하고, 그 핵심을 원하는 사람은 많습니다. 책이 주는 매력과 독서의 힘을 아는 사람들은 더 그렇고요. 그들은 책을 통해 가족과 친구, 이웃을 위한 작은 일을 합니다. 그런 생각을 가진 분들이 북큐레이터가 되고 싶어하지요. 북큐레이션의 주인공은 공간이 아니라 '사람'입니다. 따라서 북큐레이션을 북디스플레이라고 생각해서는 안 됩니다. 북디스플레이는 북큐레이션에서 피어난 한 송이 꽃일 뿐이지요.

큐레이션 과정에 스민 북큐레이터의 철학, 책에 대한 독특한 해석, 몸소 책을 읽고 그 안에서 찾아내는 책의 소리와 온도 등이 북디스플레이 과정에서 빛깔과 향기를 머금은 아름다운 꽃으로 피어난 것일 뿐. 북큐레이션을 북디스플레이로 오해하지 않기를 바랍니다.

한 송이 꽃을 피워내는 일은 오랜 경험을 가진 농부의 영역입니다. 책장을 편집하는 북디렉터와 북큐레이터 역시 책을 좋아하고, 책을 많이 읽고 책과 함께한 시간이 겹겹으로 쌓인 경력을 가진 사람만이 잘 할 수 있습니다.

북큐레이션은 하면 할수록 참 매력적입니다. 북큐레이션을 알아가는 사람이라면 대부분 그렇게 생각할 것입니다. 정답은 없었어요. 같은 테마도 같은 모양이나 생각으로 북큐레이팅하지 않았어요. 사람들이 각자 다양한 생각을 가진 것처럼 각기 다른 매력과 표정으로 풀어냈습니다.

창의적인 발상은 하루아침에 기를 수도 없고, 혼자서 기를 수도 없고, 사회적인 환경에서 오랫동안 길러내야 한다고 말하는 미하이 칙센트미하이의 말처럼, 북큐레이터는 결코 하루아침에 탄생하는 것이 아니랍니다.

다음의 사례를 참조하여 여러분만의 다양하고 창의적인 테마를 창조한 뒤, 북큐레이션을 기획해보세요.

시사적인 사건에서 생성하기

최근 가장 시사적인 사건이 무엇이 있을까요? 사람들이 고민하는 문제나 삶에 영향을 미치는 사건과 관련한 카테고리를 구체화하면 좋습니다.

예1) 계속되는 무더운 날씨로 일기예보에 관심이 높습니다. 특히 기후변화에 영향을 주는 요인들에 대한 관심이 높습니다. 이런 상황에서 북큐레이션을 위한 대주제와 구체적인 소주제를 생성할 수 있습니다.

예2) 아기 엄마들은 매일 아침 미세먼지 농도를 체크하는 앱을 열어본다고 합니다. 외출할 수 있는 날인지, 미세먼지 농도에 따라서 그날의 활동을 결정하나 봅니다. 미세먼지로 인한 파장이 매일 뉴스에 오르내리면서 당연히 이에 관련한 지식이 필요한 실정이겠지요. 미세먼지를 대주제로 삼아 소주제를 찾아 엮어나가도 좋겠습니다.

알려진 영화로 생성하기

영화의 시간과 공간적 배경, 등장인물, 사적인 사실, 의상, 문화 등을 소주제로 하여 관련 있는 도서들로 북큐레이션을 기획할 수 있습니다.

> 예) 최근 프레디 머큐리의 생애를 그린 영화 〈보헤미안 랩소디〉가 광풍입니다. 퀸의 리드싱어 프레디 머큐리의 생애를 담은 평전부터 락 음악의 역사를 다룬 책, 프레디 머큐리의 의상이나 어록 등을 담은 책도 찾아볼 수 있습니다. 당대 사회와 문화를 조명한 책도 좋습니다. 영화에서 파생되는 다양한 주제를 확장하여 북큐레이션할 수 있습니다.

특별한 행사로 생성하기

모든 사람들이 경험하는 생활 속 특별한 일을 하나의 카테고리로 생성합니다. 관혼상제와 같은 주제가 대표적입니다. 돌잔치, 생일, 결혼, 장례, 성인식, 졸업식 등을 주제로 큐레이션합니다.

예) 첫 만남부터 결혼에 이르는 과정에 대한 카테고리를 생성하여 소주제로 북큐레이션을 기획합니다. 첫 만남에서 연애, 결혼하기까지의 추억과 이야기를 도서와 소품으로 재구성하는 북큐레이션도 특별합니다.

게임(TV프로그램)으로 생성하기

아이들이 좋아하는 게임, 시청률이 높거나 인기 있는 TV프로그램에서 카테고리를 생성할 수 있습니다. 그에 따라 흥미로운 소주제를 찾아내어 부담 없이 독서의 세계로 이끌어 줄 북큐레이션도 가능합니다.

예) 보드게임을 주제로 북큐레이션을 해본다면 보드게임의 역사, 철학, 방법론, 교육적 효과 등에 관한 책을 큐레이션합니다. 거기다가 실제 보드게임을 함께 비치하여 책과 게임을 동시에 접할 수 있도록 합니다. 유럽에는 보드게임 도서관, 박물관까지 있다고 하니 게임과 책의 만남도 흥미로운 테마가 될 수 있습니다.

이 밖에도 인물로, 음악으로, 스포츠로, 학습목표로, 거리의 간판으로도 분류 테마를 생성할 수 있습니다. 방법은 무궁무진합니다. 북큐레이션의 목적을 염두에 두고 창의적인 테마를 만들어보세요. 그와 관련한 책을 선별하여 독자를 위한 다리를 놓는 일도 고민해보시고요. 잘 만든 테마는 누군가의 기억에 남는 북큐레이션이 될 수 있습니다. 여러분의 참신한 아이디어가 궁금합니다.

장소불문 북큐레이션 테마의 예시

- 오늘 내가 먹은 음식이 내일의 나를 만든다.

  (츠타야의 요리코너)
- 1인칭, 깨달음, 방랑벽, 세상을 보는 방식.(리브레리아)
- 마리아와 창녀와 어머니, 바다와 하늘, 암흑의 시대, 삶과 죽음의 미래.(리브레리아)
- 쉬운 선택이 아닙니다.(아크앤북)
- 가족이란 이름으로 함께한 추억은 시가 된다.(아크앤북)
- 예쁘게 미친, 샌프란시스코.(아크앤북)
- 스페인을 너무 좋아해서 열었어요, 스페인 책방.(아크앤북)

책을 읽다가 밑줄 그은 문장이, 감동이, 작가의 생각이, 농담 같은 진담이, 책장에 가득한 책들을 큐레이션의 무대 위로 올려 놓을 테마가 됩니다.

선별

그 다음은 설정된 기준과 테마를 따라 도서를 선별하는 과정입니다. 충분히 살펴봐야 하므로 1차 선별에서는 최종 선별할 도서의 수에서 서너 배 이상의 도서를 찾아내야 합니다. 많은 양의 정보(도서)를 먼저 수집한 뒤, 선정한 테마를 더욱 분명하게 할 수 있는 도서를 선별해야 하니까요.

그리고 진열된 도서가 판매되거나 대출된 이후를 대비해야 하고요. 같은 책이 어느 정도 재고가 있다면 문제가 없겠지만 그렇지 않다면 빈자리를 채울 다른 책이 있어야 해요.

판매나 이용을 목적으로 하는 북큐레이션인 만큼 큐레이션한 서가의 책이 예비독자의 손으로 건너가는 건 너무나 당연한 현상이니까요. 이렇게 해서 생기는 빈자리를 그대로 방치해 둘 수는 없겠지요.

물론 마케팅 전략으로써 잘 팔린다는 느낌을 주려고 일부러 비워둘 수도 있겠지만, 비워 놓은 채로 두면 큐레이션의 의미를 잊게 되지 않을까요? 그래서 정보수집 단계에서 몇 배수로 선택한 책에 순서를 매겨 놓고 따로 정리해 둡니다. 테마를 분명하게 해주는 책을 1번으로 뽑을 테니 그 뒤를 2번, 3번, 4번순으로 정하고 빈자리가 생길 때마다 차례대로 놓는 거지요.

가정에서 자녀들을 위해서 북큐레이션을 할 때도 같은 방법으로 하면 좋습니다. 하나씩 천천히 읽어나가기 좋으니까요. 책장에 꽂힌 수많은 책 때문에 길을 잃은 어린이들이 책의 숲으로 나아가게 하는 징검다리가 되어줄 것입니다.

많으면 없는 것과 같다

학교 도서관에서 북큐레이션의 효과를 보았다는 말들을 많이 합니다. 덜어내는 것만으로도 우리 아이들이 책을 읽게 할 수 있나 봅니다. 참 쉬운 방법인데 우리는 여태 이걸 몰랐던 거죠. 많으면 좋은 줄 알았어요. 많이 갖추는 게 아이를 위한 헌신이고 사랑이라고 생각했어요, 엄마도 선생님도. 많으면 없는 것과 같다는 말 들어보셨지요? 많이 있으면 어떤 책이든 잘 찾아서 읽을 줄 알았는데 결과는 아니었어요. 오히려 우리 아이들이 스스로 선택하지 못하게 방해하고 있던 거죠. 그래서 독서과정에 북큐레이션이 중요하고, 상황에 맞추어 도서를 선별하는 것이 중요합니다.

혹시 오해하실까 하는 걱정에 말씀드립니다만, 도서를 선별한다는 것은 알곡과 쭉정이를 가려낸다는 의미가 아닙니다. 도서를 선별하는 것은 어떤 기준에 따르는 것일 뿐, 버리고 남겨야할 책들을 정리하기 위한 분류가 아니라는 말입니다.

지금 선별되지 않은 도서는 주제가 달라지면 선별될 수 있는 책입니다. 연기자가 작품에 따라 감독으로부터 출연섭외를 받듯이 책도 북큐레이터의 기획의도에 따라 메인 무대에 전면으로 출연할지 아닌지가 결정될 뿐이라고 생각하면 쉽습니다. 물론 내용이 풍부한 좋은 책은 여러모로 활용될 수 있지만요.

북큐레이터는 자기만의 안목으로 좋은 책을 찾아내서 많은 사람이 읽을 수 있도록 해줘야 합니다. 덧붙여 아이들에게 꼭 필요한 책인데 아이들이 어려워하는 책이라면 쉽게 읽을 수 있도록 기초나 바탕이 되는 책을 함께 제시해 줄 수도 있습니다. 아이들이 거부하는 책은 조연이나 엑스트라로 등장시켜 낯설지 않게, 관심을 가질 기회를 주는 것이 북큐레이션의 효과를 기대할 수 있게 하는 방법입니다.

어떻게 골라낼까

먼저, 북큐레이션 기준을 설정합니다. '누가' 읽을 것인지, '무엇을' 읽을 것인지, 기준과 주제(테마)를 정합니다.

누구를 대상으로 정해볼까요? 12간지 동물을 활용한 북큐레이션도 재미있습니다. 해가 바뀌어 가는 즈음부터 '돼지띠, 돼지해'와 관련한 북큐레이션을 많이 하고 있어요. 그럼 우리도 이와 같은 기준으로 생각해볼까요?

대상은 초등 저학년 아이들, 테마는 말씀드린 대로 '돼지띠, 돼지해'로 정합니다. 그런 다음, '돼지띠, 돼지해'를 염두에 두고 주제문장을 만들어보는 거예요. 이 주제문장은 북큐레이션의 주제를 분명하게 표현해줄 이정표가 되며, 북큐레이터의 관점을 엿볼 수 있는 메시지가 될 거예요.

이를테면 '주인공은 나야, 나!'라는 주제문장을 떠올리고, 그 안에 연결하고 싶은 작은 분류 항목을 떠올리는 거예요. 기본적으로 돼지띠를 중심에 두고 돼지와 관련 있는 어떤 것, 띠와 관련 있는 어떤 것을 찾아내고 또 이와 관련이 있는 다른 어떤 것들을 떠올리는 식, 마인드맵으로 생각을 펼쳐나가며 북큐레이션을 통해 어떤 책을 예비독자인 아이들에게 보여줄지 고민하는 거지요. 여기에 북큐레이터로서 차별화된 관점을 전달할 수 있는 책을 선별합니다.

돼지가 제목에 들어간 책, 돼지가 등장하는 이야기책, 돼지가 살아가는 환경, 돼지 종류, 돼지와 관련한 식문화, 돼지와 관련한 옛이야기, 12간지에 대한 옛이야기, 돼지띠 인물 이야기 등 생각나는 대로 연결가지(소주제)를 잡아 떠올려봅니다. 그러면서 정보(책)를 수집하는 거예요.

이때 돼지나 띠와 관련 있는 다른 콘텐츠도 함께 찾아봅니다. 돼지 사진, 돼지 그림 등과 같이 책이 아닌 것도 함께 수집합니다. 이렇게 수집된 자료 중에서 하나씩 덜어냅니다. 대상에 따라 어휘력, 독해력, 집중력, 아이가 좋아하는 장르 등에 맞는가에 따라 취사선택하는 거지요.

처음 수집한 자료를 제거, 축소, 선별해 나갈 때는 북큐레이터의 메시지를 대변하는 핵심 도서가 필요합니다. 만약 '주인공은 나야, 나!'가 주제문장이라면 주인공이란 누구인가, 주인공이라면 어떻게 할 것인가, 우리는 누구를 주인공이라고 하는가, 어떤 삶을 살아가는 사람을 주인공이라고 할 수 있는가 등에 대한 북큐레이터의 생각을 잘 드러낼 수 있는 도서를 선별하는 것입니다.

요즘은 도서관이 문화공간 역할도 겸하고 있습니다. 도서관에서 기획하는 공연이나 문화행사의 목적에 맞게 도서를 선별할 수도 있습니다.

저자 강연회에 저자의 작품을 전시할 기획을 한다면, 그 저자의 작품뿐만 아니라 작가의 작품 활동에 영향을 미친 다른 작가의 작품, 음악, 공간, 인물 등을 찾아내어 함께 진열하면 더욱 좋을 것입니다. 모 중학교에서 작가 강연회를 기획할 때, 한 달 동안 초대 작가의 작품을 학생들이 읽고 독후활동을 했다고 합니다. 저자 강연회 결과가 어땠을지 굳이 말씀드리지 않아도 되겠지요.

예) '봄'이라는 대주제에 따른 월별, 계절별 기준

다음은 '봄'이라는 대주제에 따라 월별, 계절별 기준을 만들어본 예시입니다. 살펴보면서 어떤 책을 선별하면 좋을지 생각해보세요. 대상을 정해야 구체적인 책을 정할 수 있을 겁니다.

• 봄 : 봄철 환절기 건강과 음식, 산책하듯 걸을 수 있는 봄 코스를 담은 책, 봄과 어울리는 컬러의 책, 봄을 주제로 한

문학과 시집 등

- 여름 : 여름 휴가철을 대비한 다이어트 방법을 담은 책, 여름제철 채소로 만드는 식단을 담은 책, 여름방학 건강히 잘보내는 이야기, 여름 캠핑지에서 만들 수 있는 요리책
- 가을 : 가을철에 어울리는 차 이야기, 가을의 색깔이 드러난시집, 가을 여행지 추천, 가을철 등산 요령 등
- 겨울 : 겨울에 할 수 있는 실내 운동법, 겨울에 몸을 따뜻하게 하는 요리를 담은 책, 겨울온천이 효과적인 이유, 찜질방이나 숯가마의 효능을 담은 책 등

이렇게 특정 시기나 상황에 따라서 도서를 선별하면 독자들이 책에 더욱 관심을 갖게 됩니다. 도서 선별은 북큐레이터 본인의 목적을 달성하기 위함도 있겠지만, 무엇보다도 '대상'을 중심에 두고 진행하는 과정입니다. 도서관이라면 도서관을 이용하는 사람을 잘 파악하는 것이 우선이며, 서점이라면 그 서점을 이용하는 고객을 잘 파악하는 것이 우선입니다. 가정이라면 집에서 책을 읽는 사람을 염두에 두어야 합니다.

대중에 맞추어 도서를 선별할 때

도서를 선별할 때는 총 몇 권을 남길지를 정하고 그 수의 서너 배 이상으로 도서를 넉넉히 수집합니다. 대중에 맞춘 큐레이션을 할 때 도서 수집은 난이도와 장르를 고려하여 합니다.

초등학교 도서실에서 1학년 아이들을 기준에 두고 주제에 맞춘 도서를 먼저 수집하고자 한다면, 1학년이 이해하는 평균 수준의 도서를 중심으로 하되, 평균 수준보다 낮거나 높은 수준의 도서도 함께 일정 비율을 두고 수집해야 합니다.

장르 역시 다양하게 수집해야 하고요. 난이도와 장르가 다양한 도서를 선별하는 이유는 1학년의 평균적인 이해 수준을 웃돌거나 밑도는 아이들이 북큐레이션 주제에서 소외되지 않게 하기 위함입니다. 같은 학년이라도 저마다 좋아하는 영역이 다르고, 독서수준도 다르니까요.

북큐레이션은 독자층을 형성한다는 기본적인 목적을 가진 프로젝트이므로 누구든 독자가 될 수 있도록 해야 합니다.

배치

배치란 '사람이나 물건을 일정한 자리에 알맞게 나누어 두는 것'
이라고 사전에 정의되어 있습니다. 즉, '어떤 대상'을 '알맞게
나누어야 할 의도'를 가지고 '알맞은 자리를 찾아' '그 자리에
놓음'으로써 목적을 이루게 하는 것이지요.

　어떤 공간의 크기와 내부 구조를 파악하고, 그 내부 구조에 맞
추어 상품을 놓을 곳을 하나하나 지정함으로써 더 많은 고객과
더 활발한 소통이 이루어지게 하는 배치의 과정은 큐레이션의
목적에 한 발 더 다가서는 걸음이자 마케팅 목적지로 안내하는
표지판입니다.

　배치 역시 북큐레이션에서 대충할 수 없는 과정이겠지요. 서
가를 테마별로 배치하는 것은 고객을 위한 서점의 배려이자, 서

점의 매출과 직결되는 일입니다.

책장 하나를 편집하기 위해 책의 배치뿐만 아니라 서가들이 놓일 공간 전체를 고려하여 각각의 서가를 알맞은 곳에 배치해야 합니다. 큐레이션의 의도가 드러나는 무대를 만드는 작업이기 때문에 신경을 많이 써야 하지요. '누구에게나 필요한 기준'과 '가능한 많은 사람의 마음을 사로잡을 테마'로 선별한 '보석 같은 도서'가 예비독자를 만나는 장이 될 수 있도록 말입니다.

한 사람을 위한 독서습관 프로젝트

북큐레이션은 '책장편집' 외에도 '목적을 가진 프로젝트'의 의미가 있다고 앞서 말씀드렸습니다. 목적을 가진 프로젝트로서의 북큐레이션은 독자층을 형성해내기 위한 근본적인 목적인 '독서습관'을 주요 프로젝트로 포함하고 있습니다.

한 사람 한 사람을 위한 독서습관 프로젝트를 완성하려면 예비독자에게 꼭 맞는 독서 순서가 필요합니다. 도서 배열도 이를 고려하여 해야 합니다. 배열이란 '일정한 차례나 간격에 따라 벌여 놓는 것'을 뜻합니다. 특정한 기준에 맞춰 선별한 도서라고 해도 그것을 읽어가는 순서는 개인에 따라 달라질 수 있습니다. 사람마다 좋아하는 책의 분야가 다르고 책을 읽고 이해하는 능력이 다르니까요. 따라서 그 사람에게 맞는 도서 배열이 필요하지요.

독서의 첫걸음은 타인의 강요가 아니라 나 스스로의 선택이라는 사실, 우리 모두 잘 알잖아요? 자신이 좋아하는 책부터 먼저 읽도록 해주는 배열, 평소 관심이 있던 책부터 먼저 볼 수 있도록, 재미있고 호기심을 끄는 책부터 읽을 수 있게 해주는 배열이 필요합니다.

이러한 배열과 배치가 잘 조화된다면, 새로운 독자층 형성이라는 목적을 보다 쉽게 이룰 수 있을 것입니다.

어떻게 배치할까

차이를 만들어 내는 배치, 책을 사게 만드는 배치, 더 많은 독자의 손에 유익한 책을 건네줄 수 있는 배치는 어떤 배치일까요?

여러분이 서점을 운영한다고 생각해봅시다. 혹은 작은 도서관을 운영한다거나 자녀들의 서가를 만들어주는 부모라고 생각해도 좋습니다. 북큐레이터로서 각각의 상황과 목적에 맞는 배치를 생각해봅시다.

예1) 큰 숲 서점의 배치

카페와 서점을 함께 운영한다고 가정해볼까요? 우선 어떤 서가를 생각하는지 대주제를 잡아봅시다. 매장의 규모에 따라 들여놓을 수 있는 서가의 수가 달라진다는 점까지 염두에 두고 큐레이션을 기획하는 것이 좋겠습니다.

먼저, 서점의 위치적 특징을 체크해야겠지요. 제가 생각하는 카페 겸 서점은 이렇습니다.

위치 : 도시를 끼고 있으며 교외 숲이 있는 먹거리 마을에 위치.
특징 : 주차공간이 넓다. 카페와 공동 주차장을 사용하는 규모가 큰 식당이 있다. 평일 낮에는 주로 주부들의 점심약속 장소로 북적인다. 주말이나 공휴일에는 가족단위 외식으로 나들이를 나온다. 카페 매장은 150평 정도의 규모로 여유가 있다. 카페는 직접 제빵을 겸하고 있다. 다양한 빵을 만들고 주변 평가가 좋다. 그림이나 전시, 특별한 모임을 할 수 있는 공간이 있다. 카페 건물 안쪽으로 정원 겸 마당이 있다. 서가는 실내나 실외에 배치도 가능하다 등.

이런 세세한 부분을 체크한 후 서가를 놓을 공간을 먼저 정합니다. 그 공간의 특징에 맞추어 서가의 디자인도 생각해봅니다.

제가 서가를 둘 공간으로 생각하는 곳은 건물 안쪽에 있는 정원입니다. 일종의 야외 서점이죠. 야외에 책을 둔다면 책표지가 휘거나 표지색이 쉽게 바랠 수 있기 때문에 이를 방지하는 차원의 서가 디자인을 고려해야겠습니다. 또한 야외에 배치할 서가는 날씨 변화에 민감하므로 비와 바람을 피해 재빨리 이동할 수 있게 만들어야겠죠.

서가의 테마는 요리, 여행, 그림, 잡지, 인문학 정도로 설정합니다. 메인 서가는 '요리'가 될 것입니다. 커피를 비롯한 차와 음료, 든든한 한 끼 식사로도 충분한 건강한 빵이 주를 이루기 때문입니다.

카페를 찾는 고객이 주로 40대 전후인 점을 감안하여 눈으로 보는 책, 스르륵 대충 읽어도 주부 생활에 꿀팁을 얻어갈 수 있는 책, 책장을 넘기는 것만으로도 힐링이 되는 책을 선별하여 배치하는 것이 좋겠습니다.

가족단위의 주말 나들이객이 방문한다면 온 가족이 함께 소통할 수 있는 그림책을 빼놓을 수 없겠지요. 인문학은 북큐레이터의 관점을 보여주는 포인트나 연결고리로 활용할 목적이고요.

서가는 이동이 편하도록 높이가 낮고 폭도 넓지 않으며, 햇빛을 차단하기 위한 차양막을 설치하는 등 테마를 시각적으로 표현할 수 있는 특별한 서가도 함께 마련하여 야외 공간에 띄엄띄엄 배치하고 싶습니다. 여기에 두는 책의 수량은 많지 않도록 주의할 것입니다. 카페 방문 목적을 거스르지 않게 하고, 휴식이나 여유로운 시간에 격을 더하는 소품이 될 수 있도록 합니다.

책장편집은 주 1회 정도로 신선한 변화를 추구할 예정입니다. 이렇게 하려면 월 단위의 카테고리를 설정한 뒤, 주 단위로 세분화해서 책을 선별해야겠지요. 이때 주의할 점은 도서 선별을 아무 생각 없이 해서는 안 된다는 것. 도서 선별은 제거와 축소가 기본임을 기억하면서 북큐레이팅을 하시기 바랍니다.

예2) 은우의 독서습관을 위한 개인서가 배치

북큐레이션을 강의할 때 항상 두 가지를 전제하고 시작합니다. 하나는 독서가 우리의 삶에 유용하다는 것이고, 다른 하나는 우리가 책을 잘 읽지 않는다는 것입니다. 독서가 우리 삶에 아무런 도움이 되지 않는다면 천의 얼굴을 가졌다 할 만큼 다양한 북큐레이션을 굳이 알 필요 없겠죠? 그리고 책을 스스로 잘 읽는 사람에게는 굳이 북큐레이터가 필요치 않을 것입니다.

큐레이션을 문제해결이라고 한다면, 북큐레이션은 책을 활용하는 과정에서 생겨난 문제를 해결하는 것입니다. 북큐레이션을 통해 '책이 독자를 만나지 못하는 문제를 해결하고, 독자가 책을 만나지 않는 문제를 해결해야 한다.'라고 생각합니다.

저는 '독자가 책을 만나지 않는 문제를 해결하는 것'이 '책이 독자를 만나지 못하는 문제를 해결하는 것'보다 먼저라고 생각합니다. 그러기 위한 독자 중심의 도서 선별과 도서 배열이 반드시 필요하다고 생각합니다.

우리 아이 독서습관 형성을 위한 도서 배열은 이렇게 생각해 보세요.

대상(비독자) : 초등3년, 은우, 남자

특징 : 친구와 몸을 움직여 놀기를 좋아한다. 또래보다 어휘력과 읽기능력이 떨어진다. 맞벌이 부모이다. 독서는 거의 하지 않는다. 공부나 독서의 필요성을 느끼지 못한다. 창의력이 뛰어나다. 만들고 조립하는 것을 잘한다. 난이도가 있는 과학교구를 혼자서 조립하여 완성한다. 영어를 좋아하여 새로운 단어나 문장을 잘 습득한다. 비행기를 특별히 좋아한다.

이런 상황에 있는 은우의 독서습관을 위한 서가 배치는 어떻게 해야 할까요? 가정의 서가는 보통 거실에 두세 개가 있고, 아이들 방에 한두 개가 있는 정도입니다. 자녀가 유아 혹은 초등학생이라면 거실에 놓인 책장에는 세트로 다량 구매한 전집이 주를 이룹니다. 이것을 활용하여 은우를 중심으로 서가를 배치해 보려고 합니다.

은우를 위한 테마 서가를 배치할 위치를 찾는 것이 우선이겠지요. 책을 읽고 싶어지게 만드는 장소는 깨끗하고 아름다운 곳이라고 합니다. 나루케 마코토는 『책장의 정석』(비전비엔피, 2015)에서 사회인이라면 세 개의 책장을 가져야 한다고 합니다. 신선한 책장, 메인 책장, 타워책장이 그것입니다. 신선한 책장은 산 지 얼마 안 되는 책, 앞으로 읽을 책을 두는 공간이고, 메인 책장은 다 읽은 책을 효율적으로 꽂아두는 장소로서 보통 집에 있는 책장이며, 타워 책장은 참조하고 싶은 책을 쌓아두는 책장으로 사전이나 핸드북 등을 놓는 책장이라고 합니다.[1]

이 세 개의 책장은 사회인을 위한 책장입니다. 은우에게도 이런 책장을 만들어주면 어떨까요? 먼저 책을 싫어한다고도 할 수 있는 은우가 관심을 가지고 쉽게 접근할 수 있을 만한 책을 찾아냅니다. 그 책을 시작으로 난이도에 따라 다양하게 선별한 책을 '신선한 책장'으로 옮겨 놓는 거지요. 앞으로 읽어야 할 책이니까요.

그다음, 은우가 다 읽은 책은 메인 책장으로 옮겨 놓고, 자기

1) 나루케 마코토 지음, 최미혜 옮김 『책장의 정석』 비전비엔피, 2015.

가 어떤 책을 얼마나 읽었는지 은우 스스로 확인할 수 있게 하는 것입니다. 은우에게도 자기만의 타워책장이 있으면 좋겠지만 이 책장은 은우가 특별히 좋아하는 책을 꽂아두는 책장으로 대체해도 좋겠지요. 은우는 비행기를 특히 좋아하는 아이니까 책장 이름을 '비행기'라고 하거나 '은우 항공'이라고 해도 되겠고요. 은우의 책장은 자그마한 크기로 하면 어떨까요? 너무 크고 부담스러우면 애나 어른이나 싫어할 테니까요. 기존 서가의 여러 칸 중 한두 칸을 테마 책장으로 해도 괜찮을 거예요.

이 모든 것은 은우의 독서습관을 형성하기 위한 프로젝트입니다. 따라서 북큐레이션을 기획할 때 은우가 직접 북큐레이팅하는 것을 권합니다. 주제별 도서를 찾아가는 북큐레이션을 개인 수업에 적용하면, 수업을 받는 아이들이 방문하는 선생님을 기다릴 정도로 즐거워한다고 합니다.

은우가 직접 참여하면 부모나 교사가 은우의 독서 취향을 파악하기 좋습니다. 은우가 찾아내는 책에는 공통점이 있을 테니까요. 은우는 비행기를 좋아하고 뭔가 조립하기를 좋아한다고 했지요? 영어 단어를 잘 습득한다고도 했고요. 이런 은우를 위해 어떤 책을 선별해서 어떻게 배열하는 게 좋을까요?

서점은 부지런한 손길이 있어야 망하지 않는다고 합니다. 책도 사람처럼 한 자리에 오래 머물면 등창이 나나 봅니다. 서가를 재배치하고 책을 재배치하는 것이 서점에서만 중요한 일일까요? 도서관의 서가에도, 개인의 서가에도 북큐레이터의 손길이 바삐 움직여야 하겠습니다.

서가에 꽂힌 책들을 북큐레이터의 관점으로 의미 있게 불러주는 북큐레이션을 부지런히 기획해야 할 것입니다. '알맞은 곳'에 '있어야 할 서가'의 자리를 찾아주는 배치는 책과 독자를 만나게 하고, 연결해주는 만남의 광장과도 같습니다.

전시

'디스플레이(display)란 상품 진열장이나 진열실, 전람회장 등에 특정 계획과 목적에 따라 상품과 작품을 전시하는 기술을 이른다. 평면적인 진열뿐만 아니라 전시용의 방이나 건물 등의 설계까지를 포함한다. 디스플레이의 종류로는 판매를 목적으로 하는 것으로서 쇼윈도나 점포 안의 디스플레이가 있고, 선전을 위해 넓은 공간을 조형 처리하여 전시효과를 올리려는 쇼룸이 있다.'[2]

이 말에서 디스플레이의 목적이 누군가에게 무엇을 알리기 위한 것임을 알 수 있습니다. 알리려는 목적이 있는 만큼 상대방이 잘 알 수 있도록 해야겠습니다. 상대방에게 설명하듯 구체적으로, 특별히 눈에 띄는 시각적인 아름다움으로 표현하면 좋겠

---

2) 자동차용어사전편찬회 『자동차 용어사전』 일진사, 2018.

지요.

 디스플레이는 고객과의 '소통'을 최종 목적으로 합니다. 그러니 다양한 감각 이미지를 사용해서 더 많은 사람의 시선을 끌면 좋겠지요. 시각적 이미지 외에 청각이나 후각 이미지를 더한 공감각적 이미지의 디스플레이는 수용자로 하여금 상상의 나래를 펼칠 수 있게 해줍니다. 그리고 이를 통해서 또 다른 흥미를 느끼게 해줄 것입니다.

 살림을 주제로 한 디스플레이에는 책 한 켠에 작은 부엌용품이나 고급스러운 양념통을 놓거나 요리책이나 월간 요리잡지를 멋진 도자기 그릇 위에 올려놓을 수 있습니다. 식물과 원예를 주제로 한 책 코너를 온실이나 화원처럼 꾸밀 수도 있습니다. 책뿐아니라 취미생활도 제안하는 것이죠.

 아이들의 피아노 위에는 악보나 음악가에 대한 책을 몇 권 올려놓고, 침대 머리맡의 따뜻한 조명등 아래는 시집이나 수필집을 전시해둡니다. 좀 더 편안한 방법으로 책을 접하게 하는 것입니다. 이처럼 공감각적 이미지로 표현하는 북디스플레이는 책이주는 또 다른 즐거움입니다.

 디스플레이는 '잘 보지 못하던 것을 보여주는 것'에 목적을 두기도 합니다. 상점에서 디스플레이한 물건들이 잘 판매되는 것도 디스플레이의 효과지요. 도서관에서 '잘 보이지 않던 것을 보여주기 위한' 디스플레이를 하면 서가에 묻혀 있던 도서들을 메인무대로 끄집어낼 수 있습니다.

앞서 말씀드린 대로 메인무대로 올라오게 할 이유(테마)를 만들어서요. 어떤 테마를 정하든 직접 읽고 몸소 느낀 책을 불러내는 것이 좋습니다. 그래야 북큐레이터의 목소리를 제대로 낼 수 있거든요. 그러니 바쁜 일상을 쪼개어 독서를 게을리하지 않아야 할 것입니다.

한 사람이 수많은 분야의 책을 읽고 자기 것으로 만들 수는 없습니다. 그러나 특별히 자신 있는 독서 분야는 있어야겠지요. 어차피 북큐레이션은 함께 기획하는 아름다운 작업이니까요.

책에 대한 독창적인 재해석

책을 해석하는 북큐레이터의 시각은 창의적인 북디스플레이의 시작이지요. 일본의 츠타야 서점의 대표 마스다 무네아키는 '책은 최고의 제안서'라고 말합니다. 츠타야 서점은 이러한 주관적 해석을 바탕으로 책 이외의 상품을 매장 안으로 들여놓았습니다.

책과 함께 전시된 상품은 그 책에 담겨 있는 여러 제안을 실현하기 위한 서점 측의 또 하나의 제안이 됩니다. 독창적으로 책을 재해석해온 츠타야는 창의적인 북큐레이션을 대표하는 서점으로 꼽힙니다.

책의 재해석과 더불어 츠타야의 공간 디스플레이는 서점이 자리 잡게 될 주변환경의 모든 상황을 면밀히 검토한 결과에 따라 기획되었다고 합니다. 거주자의 특성, 주변 자연환경의 특성은 서점 내에 존재하는 문화 공간과 자연스럽게 연결됩니다.

서점 내 스타벅스 카페와 통유리창을 따라 놓인 안락한 의자, 고객의 생활수준과 생활패턴을 고려한 공간기획으로 고객 만족을 이끌어낸 츠타야는 지금, 일본의 서점문화를 선도하고 있다고 해도 과언이 아닙니다.

츠타야 서점과는 또 다른 시각에서 책을 해석하는 무지북스는 책을 일종의 상품 사용설명서라고 해석합니다. 도쿄 유라쿠초에 있는 무인양품 매장에 자리한 무지북스는 매장 전체 규모에 비해 도서가 많이 진열되어 있진 않아요. 책을 제품 사용설명서로 해석하기 때문입니다. 실제로 방문해보니 책은 매장에 진열된 상품의 판매를 돕기 위한 것으로 보였습니다.

츠타야와 무지북스는 책과 상품이라는 두 가지 요소를 통해 북디스플레이의 참신함을 드러내고 있습니다. 책을 해석하는 방식이 다르고 북큐레이션의 출발점도 다르기 때문에, 매장에서 책과 상품이 차지하는 비율은 서로 다르지요.

정리하자면, 북디스플레이는 북큐레이션의 마지막 과정입니다. 디스플레이의 앞 단계에서 고민한 흔적과 그 과정에서 찾아낸 모든 노하우가 나타나야 합니다.

북디스플레이는 선정한 주제에 따라 선별한 책을 잘 보여줌으로써 예비독자로 하여금 그 책을 읽게 하는 것이 목적입니다. 서점에서는 그 책이 판매되는 순간이고, 도서관에서는 이용자의 손에 넘어가는 순간이지요.

어떻게 보여줄까

책만 가득했던 서점, 손에 든 가방 하나 내려놓을 곳 없던 서점, 사람 하나 겨우 지나가기에도 비좁던 서점. 그런 서점은 사람이 아니라 책을 위한 공간이었습니다. 그래서 책을 살 일이 없는 사람들은 굳이 서점에 갈 이유가 없었지요.

이제 서점은 사람을 위한 공간으로 거듭나고 있습니다. 버거운 삶의 무게를 견디고 이겨내는 사람들에게 휴식의 공간이자 재충전의 공간이 되고 있지요. 서점에서 식사를 하고 차를 마시고, 굳이 무엇을 사지 않아도 잠시 발걸음을 멈추어 쉬기도 합니다.

이런 공간에서 사람들은 마음을 엽니다. 책을 둘러보고, 책을 펼쳐보고, 함께 놓인 소품을 감상하면서 행복한 상상을 해봅니다. 북큐레이터의 손길과 마음길 따라 들려오는 이야기에 귀를 기울입니다.

스위스의 색채 심리학자 막스 뤼셔는 1947년 'Painting and Personality'를 통해 색채가 아이들의 심리적, 교육적 효과를 극대화하는 데 도움이 될 수 있다고 말했습니다. 자극과 활성의 근원이 되는 노란색은 두뇌활동을 자극하여 공부방 인테리어에 적합하며, 보라색은 미적 감각을 자극하는 효과가 있어 창의성을 길러주고 감수성을 높이는 데 도움을 주며, 집중력을 높이는 파란색은 공부방에 활용하면 도움이 된다는 것이지요. 디스플레이에도 사람의 마음을 움직일 수 있는 색을 사용하여 그 효과를 활용합니다.

서가에는 주로 갈색 계통을 쓰지요. 대부분 원목으로 된 서가를 활용하여 사람의 마음을 차분하게 합니다. 책을 읽는 분위기가 차분하다보니 책이 있는 대표적 공간인 도서관에서는 말도 제대로 할 수 없지요. 도서관보다는 자유롭다고 하나 서점도 마찬가지이고요. 중후함이 느껴지는 갈색과 은은한 불빛의 간접조명이 이런 분위기를 잡아줍니다. 어린이를 위한 서점의 서가는 좀 다채롭습니다. 빨강이나 파랑, 초록 같은 원색을 써서 아이들이 좋아하도록 하지요.

북디스플레이의 기본은 도서를 진열하는 방식에 있다고 해도 좋습니다. 서점이나 도서관의 변화를 가장 두드러지게 느끼도록 하는 부분이니까요. 그동안 우리가 보아온 책등 진열은 공간이 여유롭지 않은 서가에 책을 많이 보관해야 할 때 쓰는 방식입니다. 예비독자가 책을 발견하기는 어렵습니다. 책을 잘 보지 않는 사람이나 어린아이, 특히 글을 읽지 못하는 아이들이 원하는 책을 골라 뽑아내기란 더더욱 불가능하지요. 책표지, 즉 앞면에는 책에 대한 정보가 집약적으로 담겨 있습니다. 제목, 부제목, 표지디자인, 삽화 등으로 책 내용을 짐작하게 합니다.

북큐레이팅의 모든 과정이 매력적인 얼굴이 되고 목소리가 되어 예비독자의 시선을 사로잡는 북디스플레이는 북큐레이터가 책으로 다시 쓰는 한 편의 문학작품이 되기도 합니다. 또한 직렬 또는 병렬로 책을 놓아 담아내는 하나의 메시지가 되기도 합니다.

북디스플레이는 편독하는 아이를 위해 지적 밸런스와 소재의 다양성을 갖춘 책을 보기 좋고 먹기 좋게 배치해주는 것입니다. 음식으로 치면 아름다운 플레이팅이지요. 또한 북디스플레이는 시각적인 아름다움을 무기로 예비독자에게 다가가서 그들의 마음을 사로잡을 수도 있습니다.

3장

북큐레이터는
누구인가

큐레이터

어느 젊은 작가의 'Why not?'이라는 제목의 전시를 본 적이 있습니다. 제 눈에는 작품이 모두 이해할 수 없을 정도로 산만하고 무질서해 보였어요. 미술관 바닥에 널브러진 천 조각이 작품이라기보다는 '쓰레기'처럼 보이더군요. 벽면에도 페인팅이 완성되지 않은 듯한 스케치나 낙서가 많았습니다. 아무리 살펴봐도 무슨 의미인지 알 수 있어야 말이지요. 갸우뚱거리며 전시장을 나서려는데 때마침 도슨트를 겸한 큐레이터의 작품 설명을 들을 수 있었지요.

"이 작가는 모든 상황에 '왜?'라는 질문을 던지면서 부정적인 답변에 연결고리를 찾아가면서 작업을 하고 있습니다. 거절당하거나 두려움에서 벗어나기 위해서 하고 싶은 것들을 시도해보았다고 해요. 실패하거나 미완성된 것처럼 보이는 작품 역시 작가의 도전이랍니다. 다양한 재료를 사용해서 그리고, 빚어내고, 바느질하고, 글로 쓰는 등 스스로 갈망하는 것들을 찾아나가는 과정을 작품으로 표현한 것입니다."

해설을 듣고 나니 갑자기 작품이 달리 보이는 거 있죠? 큐레이터의 도움으로 미처 보지 못했거나 알 수 없었던 것을 이해하게 되니까 그 작품에 대해 다른 시각이 생긴 것이지요.

여러분도 아시다시피 큐레이터는 미술관이나 박물관에서 전시를 기획하고, 작품을 수집하고, 관리하는 사람을 뜻합니다. 큐레이터가 전시 목적에 따라 작품을 선별하고 배치하며 다시 정제하는 과정을 거쳐 최종적으로 전시를 엽니다. 전시 후에는 작품에 대해 설명하거나 전시가 끝난 작품이 훼손되지 않게 하는 일련의 과정을 진행합니다. 큐레이터는 '보살피다'는 라틴어의 큐라레(curare)에서 유래한 말입니다.

16~17세기는 르네상스 문화가 꽃핀 시기였어요. 인간의 개성과 창의성이 중요해지면서 예술가, 문학가의 활약 또한 활발했던 시기이고요. 신대륙 발견, 해외 무역의 확대 등은 부유한 사람들의 수집 열풍을 더 부추겼습니다.

이들은 수집품을 모아두는 비밀스러운 개인소유의 공간으로 '분더카머'라는 창고를 만들어 소수의 사람들이 관람할 수 있게 했다고 하죠. 분더카머에 모아둔 진귀한 물건이 훼손되거나 도난 당하지 않도록 관리하는 사람을 두었는데, 이들을 가리켜 큐레이터라고 불렀습니다. 큐레이터라는 직업이 미술관이나 박물관에서 비롯된 이유가 부유한 수집가의 수집품과 관련이 있다는 것입니다. 훗날 큐레이터는 정치적인 의미와 함께 사회 기반 시설을 책임지는 관리자라는 의미가 더해져서 오늘에 이르게 됩니다.

큐레이터는 미술관이나 박물관에 있는 수많은 작품을 선별하여 편집, 가공, 수정할 뿐 아니라 나름의 의미를 덧붙여 글이나 말로 설명해 관람자에게 제공합니다. 작가와 작품에 대해 해박한 지식을 갖춰야 하는 직업이 큐레이터라는 사실을 알 수 있죠.

북
큐레이터

북큐레이터의 역할도 미술관이나 박물관의 큐레이터와 비슷합니다. 수많은 예술작품 대신 수많은 책을 목적에 따라 분류하고 관점에 따라 편집하여 전시를 기획하는 거지요. 북큐레이터 역시 책과 사람을 연결하는 사람으로서 책에 대한 애정과 관심, 깊은 전문성을 갖추고 책의 가치를 잘 풀어내어야 합니다.

그렇다면 우리 주변의 북큐레이터는 누구일까요? 자신을 북큐레이터라고 생각하는 사람들이 있습니다. 제가 책과 관련 있는 활동을 하면서 만난 사람들 대부분은 스스로를 북큐레이터라고 생각하지요. 출판에 종사하는 사람들, 서점에서 책을 판매하는 사람들, 도서관에서 책을 관리하고 장서를 개발하는 사람들, 책으로 교육하는 사람들 모두 오늘날 우리가 말하는 북큐레이션의 개념으로 움직이기에 스스로를 북큐레이터라고 생각합니다.

그럴 만한 이유가 있습니다. 출판사에서는 책을 기획할 때 읽을 사람이 누구인지 고민하고 그들의 관심사를 바탕으로 책을 만들어 냅니다. 책을 소비자(독자)에게 전달하고자 하는 뚜렷한 목적으로 일을 진행하지요. 서점에서 책을 판매하는 사람들 역시 스스로를 북큐레이터라고 말합니다. 여러 출판사에서 출간된 수많은 책을 서점의 상황에 맞게 가려내어 서점을 이용하는 고객에게 건네주고자 하니까요. 도서관 종사자 역시 도서관을 이용하는 사람들의 상황과 성향에 맞게 수서나 장서개발을 하므로 스스로를 북큐레이터라고 생각하기에 부족함이 없습니다. 독서교육 현장에 있는 선생님들도 스스로를 북큐레이터라고 생각하지요. 학생들에게 유익하거나 필요한 도서를 선별하고, 독서환경과 독서의 목적을 제공하니까요. 그러니 독서교육자도 북큐레이터라고 할 수 있습니다.

여러분이 생각하는 북큐레이터는 어떤 사람인가요? 큐레이터의 역할이 큐레이션의 전 과정을 진행하는 일이듯 북큐레이터 역할도 마찬가지입니다. 그러니 위에서 언급한 분들 모두 북큐레이터라고 해도 괜찮지 않을까요?

북큐레이터의 전문성은 독서력

앞서 살펴본 큐레이션의 개념을 되짚어 봅시다. 오늘날의 큐레이션이란 선택장애나 결정장애가 있는 사람들의 고민을 해결해주는 과정이지요. 이 과정을 적용해 고객의 고민을 해결해주는 사람을 큐레이터라고 하고요. 물론 전문가다운 실력이 있어야겠죠. 박물관이나 미술관 큐레이터는 그 분야에 대한 조예가 깊어야 합니다. 북큐레이터 역시 책에 대한 전문성이 있어야 하고요. 이렇게 전문성을 가지고 책과 고객을 연결하는 사람들을 북큐레이터라고 하는 추세입니다.

우리나라는 북큐레이션의 역사가 짧습니다. 그러다보니 아직은 북큐레이션이니, 북큐레이터이니 하는 개념의 정의가 확실하지 않아요. 그래서 '추세'라는 말을 썼습니다. 여러 경험이 굳어져서 이론이 되는 법인데, 북큐레이션은 역사가 짧다보니 축적된 경험이 아직 이렇다 할 이론으로 정리되지 못한 상태죠. 그래서 북큐레이션의 개념을 책장편집이자 목적을 가진 프로젝트라고 잡은 것입니다.

책장편집을 주 업무로 하는 사람들도, 개인의 목적을 이루어주는 프로젝트를 진행하는 사람들도 북큐레이터라고 할 수 있습니다. 스스로를 북큐레이터라고 생각하는 분들의 폭이 넓기 때문에, 북큐레이션이라는 개념의 범위도 넓습니다.

　누구든 자신을 북큐레이터라고 생각할 수 있습니다. 다만 북
큐레이터로서 최소한의 전문성이 있어야겠지요. 저는 강의할 때
마다 잊지 않고 질문합니다. '여기 계신 선생님들은 전문가세
요?' 다들 고개를 끄덕끄덕 하며 그렇다고 대답하십니다. 나이
지긋한 분들은 더욱 자신 있게 표현하시지요. 전문가의 조건에
는 '시간'이 필수거든요.

　그러나 북큐레이터는 좀 다르다고 저는 생각합니다. 북큐레이
터로서의 전문성은 시간이 아니라 독서력에 있다고 봅니다. 책
을 잘 알아야 하는 만큼 북큐레이터의 전문성은 적어도 얼마나
많은 책을 읽었는지에 달려 있다고 봅니다. 얼마나 많은 책을 어
떻게 읽고 내것으로 만들었는가? 북큐레이터의 기본조건으로 괜
찮지 않은가요?

　이와 관련하여 일본의 유명 북디렉터이자 편집자인 하바 요
시타카의 말을 인용합니다. 또박또박 천천히, 마음으로 읽어보
세요.

　"내 몸에 실제적인 감각이 있어야 자신의 언어로 다른 사람에

게 자신의 상황과 생각을 말할 수 있습니다. 지금의 제가 사람들에게 책을 추천하는 일을 하는데요, 자신의 언어로 그러니까 자신의 피와 살이 된 언어로 사람들에게 책을 추천하는 것과 어디서 배워온 언어로 책을 묘사하는 것을 비교해보세요. 이 두 가지 언어는 온도가 다르답니다." [3]

스스로를 북큐레이터라고 생각하는 모든 분이 공감하기를 바라는 마음입니다.

서점에서

서점 운영자로서의 북큐레이터는 책을 판매하는 데 집중합니다. 따라서 서점의 북큐레이션은 철저히 마케팅을 위해 이루어집니다. 예비독자의 손에 책이 건네지기까지의 마케팅이죠. 여러분은 어떤 방법으로 예비독자를 찾아 책을 건네주실지 궁금합니다.

예비독자가 책을 발견하게 하는 첫째 조건은 책을 보여주는 방법에 있지요. 신간이든, 베스트셀러든 간에 예비독자의 눈에 잘 띄도록 책을 보여주는 방법. 책의 표지가 보이는 진열만으로도 서점을 방문한 예비독자가 책을 발견할 수 있답니다. 여기에

---

3) 요시시 시노부 지음, 남혜선 옮김 『잘 지내나요? 도쿄책방』 책읽는수요일, 2018.

인간이 세계를 파악하는 특성(실체와 이미지, 개념의 관계)을 염두에 두고 책장을 구성하고 편집한다면, 예비 독자의 관심을 확실히 끌어낼 수 있을 것입니다.

마케팅 전략으로써의 북큐레이션은 일본과 한국에서 도서판매를 위한 새로운 아이디어가 되었습니다. 최근에는 국내에 일본 츠타야 서점을 모델로 삼은 약국까지 생겨났다고 해요. 약사가 단순조제와 복약상담 업무만 하는 것이 아니라 인근 주민의 삶에 편안하게 스며드는 방식입니다. 아프지 않더라도 생필품을 구매하기 위해 찾는 약국, 커피 한 잔의 여유를 즐기면서 고객의 취향을 선택하는 공간으로 디자인한 약국, 고객의 체류 시간을 늘리기 위해 책과 커피를 함께 판매하는 약국이 그렇습니다.

생각 없이 무턱대고 따라하는 것이 문제라고 지적하기도 합니다. 하지만 따라하다 보면 곧 우리만의 독특한 관점이 녹아있는 서점, 운영자만의 철학이 깃든 북큐레이션 서점이 생겨나겠지요. 이미 운영자의 경력과 이름을 걸고 자기만의 방식으로 책과 고객을 연결하는 독립서점이 많이 늘어나고 있고요. 서점이든 서점이 아니든 사업이나 매장을 유지하려면 깊은 고민과 많은 생각이 필요합니다.

최근 우리나라 서점들은 일본의 북디렉터인 하바 요시타카와 츠타야 서점의 대표 마스다 무네아키에게 많은 영향을 받고 있지요. 특히 책을 해석하고 분류하는 방식에서 그렇습니다. 일본을 대표하는 북큐레이터 하바 요시타카와 마스다 무네아키, 책 이상의 것을 생각하고 바라보는 두 사람의 관점을 비교해보세요.

하바 요시타카

하바 요시타카는 병원, 백화점, 카페, 기업체 이용자의 호기심을 자극하는 책장을 만드는 회사 BACH(바흐)의 대표를 맡고 있습니다. 일본의 서재 컨설턴트, 북디렉터 심지어 책 사냥꾼이라고도 불리는 하바는 게이오 대학 졸업 후 캐나다에서 유학하고 세계 여행을 거쳐 아오야마 북센터 롯폰기점에서 근무했습니다. 현재는 많은 사람들에게 미지의 책을 읽을 기회를 주기 위해 서점과 다른 업종을 연결하는 일을 합니다.

일본 최초의 북큐레이터라고 할 수 있는 하바 요시타카의 이야기를 읽어보면, 북큐레이션의 가치가 '책과 사람을 연결'하는 것에 있다고 생각하게 됩니다. 하바 요시타카는 단순히 좋은 책을 골라 멋지게 진열하는 데 그치지 않고 책을 들여놓을 공간의 성격을 충분히 고려해서 사람의 마음을 움직이는 책을 발견해내는 데 중점을 둡니다.

장기 입원 환자가 많은 재활병원이라면, 유명작가의 소설이나 베스트셀러 대신 환자의 마음을 열고 재활을 도울 수 있는 '플랩

북'이나 사진집을 배치합니다. 아름다움을 만들어내는 미용실과 같은 공간이라면, 스타일리시한 외국 그래픽 잡지, 패션잡지 등을 배치해 아름다움에 대한 여러 시각을 제공하는 동시에 일상에서 벗어난 기분을 느끼게 만듭니다.

이처럼 하바 요시타카는 자신만의 독특한 관점으로 책과 사람을 연결하는 북큐레이터입니다.

"책을 꽂을 때 한 권의 책 옆에 어떤 책을 놓고, 다시 그 옆에 어떤 제목의 책이 와야 할지를 의식한다. 책이 이어졌을 때의 목소리를 중시한다."[4]

마스다 무네아키

츠타야의 대표 마스다 무네아키는 자신이 좋아하는 일을 창업으로 연결시킨 사람입니다. 대학 시절 포크 밴드에서 활동하며 갈고 닦은 음악 실력을 활용해 오사카 히라카타역 주변에 음반 대여점을 열었습니다. 대여점 주변에는 밤늦게까지 영업하는 서점이 없다는 사실을 알고 음반 대여점 한 곳에 책을 대여하는 공간을 만들었죠. 결과는 성공적이었어요. 근처 고교생부터 퇴근길 회사원까지 북적일 정도였으니까요.

마스다 무네아키는 고객의 취향을 파악해서 그에 맞는 매장을

---

4) 하바 요시타카 지음, 홍성민 옮김 『책 따위 안 읽어도 좋지만』, 더난출판사, p44.

운영하는 방식을 취합니다. 철저히 고객의 기분과 취향을 고려하여 고객이 기뻐할 만한 서비스를 실현하는, 목적이 있는 공간을 디자인하지요.

일본을 대표하는 서점 체인 츠타야 역시 서점 이상의 공간입니다. 감성과 취향을 판매하는 곳으로 알려진 츠타야는 책을 비롯한 생활용품, 취미용품 등 말 그대로 '모든 것'을 파는 곳이라 할 수 있죠.

서가가 들어선 공간에 편의점이 있고, 스타벅스 카페가 있는 독특한 발상의 서점, 언제까지라도 느긋하게 머물 수 있도록 배려하는 서점, 고객을 위한 안락한 의자와 고객의 문화생활을 위한 공연장을 갖춘 서점. 이러한 공간 설계와 활용은 츠타야를 대표하는 마스다 무네아키의 독특한 책 해석에 바탕을 둔 것입니다.

츠타야 서점은 '책은 최고의 생활 제안서'라는 관점을 토대로 도서와 음반, 생활용품과 의복, 카페와 식당, 영화관람 시설까지 갖추고 있습니다. 다른 서점에서는 볼 수 없는 독특함이 있을 수밖에요. 평범한 오프라인 서점을 사유의 장으로 변화시키고 지적인 놀이터로 만듭니다. 상품 이상의 것을 판매하는 전략으로 사람들의 마음을 사로잡습니다. 서점에서 책도 읽고, 차도 마시고, 점심도 먹고, 모임도 하며 츠타야에서 시간을 보냅니다.

최고의 생활을 제안하는 마스다 무네아키는 현재 일본 내

1500여 개의 매장, 연매출 2조원, 회원수 6천만 명을 자랑하는 일본 최고의 서점 츠타야를 어느 지역에서든 이용하게 함으로써 고객의 라이프 스타일을 바꾸고 있습니다.

도서관에서

도서관에서 일하는 분들 역시 북큐레이터라고 할 수 있지요. 어쩌면 진정한 의미의 북큐레이터라고 할 수 있을 겁니다. 대학에서 문헌정보와 관련한 교육을 이수하고 책과 관련한 일을 할 수 있는 국가 발급의 공인된 자격증이 있어서 객관적인 기준에 맞으니까요.

그렇다 해도 전문가로서의 북큐레이터는 책을 얼마나 읽어왔느냐 하는 독서량에 바탕을 둔다는 점을 잊지 않았으면 합니다.

사서의 역할은 도서관을 정의한 개념을 보면 쉽게 알 수 있습니다. '도서관 및 독서진흥법'에 따르면 '도서관은 자료를 수집, 정리, 분석, 보존하여 공중 또는 특정 개인에게 제공함으로써 정보이용, 조사, 연구, 학습, 교양 등 문화발전 및 평생교육에 이바지하는 시설'로 정의하고 있습니다. 따라서 사서의 역할은 도서관 이용자가 정보를 잘 활용하여 이용자가 발전할 수 있도록 돕는 일입니다.

이용자를 위해 사서가 수집하고 정리, 보존, 축적해야 하는 자료는 주로 도서일 겁니다. 자료 수집 차원의 '수서'는 사서로서 신경 쓰이는 기본 업무입니다. 도서관의 정체성을 나타내는 것이 수서에 있다고 할 정도니 아무래도 신경을 쓸 수밖에 없겠지요. 이럴 때 사서 선생님들이 실력을 발휘해주시면 좋겠어요. 애독자가 되어 알고 있는 많은 책을 이용자에게 잘 연결할 수 있도록 말이지요.

조선시대의 도서관, 집현전

시간을 거슬러 올라가면 우리에게도 오늘날의 도서관과 같은 기관이 있었어요. 지금의 사서와 같은 역할을 하는 사람도 있었지요. 조선시대의 집현전이 대표적입니다. 집현전은 학자양성과 학문연구를 위한 기관으로 1420년에 세종대왕이 명실상부한 연구기관으로 확대 개편했다고 합니다.

집현전의 주요 임무는 경연(經筵)과 서연(書筵)을 담당하는 것이었습니다. 경연은 국왕이 유교적 경전을 쌓아 올바른 정치를 펼칠 수 있도록 왕과 유신이 경서와 사서를 강론하는 자리를 말하며, 서연은 왕이 될 세자를 교육하는 것을 말합니다. 37년간 존속한 집현전은 조선의 학문적 기초를 닦는 데 크게 공헌했으며,

많은 학자적 관료를 배출하여 정치·문화발전에 이바지했지요.

집현전에서 이룩한 주요업적은 학문연구와 편찬사업이었습니다. 고려사, 농사직설, 오례의, 팔도지리, 삼강행실, 석보상절, 월인천강지곡 등 많은 서적을 편찬·간행했답니다. 이렇게 한국 문화사상 황금기를 이룬 집현전은 세조에 의해 폐지됩니다. 세조 2년(1456), 단종의 복위를 꾀한 사육신(死六臣)을 비롯한 반대파 인사가 집현전에서 많이 나오자 폐지한 것입니다.

집현전 학자 성삼문은 조선시대 대표적 절신(節臣)으로 오늘날까지 존경받고 있습니다. 세종대에 발탁되어 문신으로 문명(文名)이 높았던 성삼문은 조정의 경연(經筵)과 문한(文翰)을 도맡아 처리할 정도로 학문이 높았으며, 세종을 도와 훈민정음 창제에 큰 역할을 한 것으로도 알려져 있습니다. 성삼문과 더불어 사육신으로 불리는 집현전의 학자 하위지, 유응부, 박팽년, 이개, 유성원 등도 오늘날의 사서와 같은 역할을 했다고 볼 수 있습니다.

한편, 인도의 사서 랑가나단 박사는 〈도서관학 5법칙〉에서 사서의 역할을 설명하고 있습니다. 지금 우리가 말하는 북큐레이션의 모든 것을 오래전 다른 공간의 언어로 표현한 게 놀랍고도 감동적입니다. 랑가나단 박사는 북큐레이터라는 직업으로 일하는 사람들에게 간결하고 강렬한 메시지를 줍니다. 이 다섯 가지를 북큐레이션의 바탕으로 삼는다면 북큐레이터로서의 아름다운 사명을 다할 수 있지 않을까요.

랑가나단 박사의 도서관학 5법칙

1. Books are for use.(책은 이용하기 위한 것이다)
2. Every reader his/her book.(모든 독자는 자신이 필요로 하는 책이 있다)
3. Every book its reader.(모든 책은 그것을 필요로 하는 독자가 있다)
4. Save the time of the reader.(도서관 이용자의 시간을 절약하라)
5. The library is a growing organism.(도서관은 성장하는 유기체이다)

독서교육 현장에서

제가 지나온 여정을 돌아보니 30년 이상을 가르치는 일만 해왔네요. 다양한 교육 환경에서 학생들을 가르치고, 오랜 기간 평생교육기관에서 학부모 대상으로 독서교육도 했습니다. 제 나름으로 열심히 가르쳤고, 제 나름 만족할 만한 결과를 얻은 경험들이 있어 지나온 시간이 아쉽지는 않습니다.

그런데 북큐레이션을 공부하면서 제가 참 잘못했구나 하는 생각이 들었답니다. 좋은 결과를 만들어 낸 교사였지만 그만큼 학생들 입장에서는 별로였을지도 모르겠어요. 잘 가르치려고 했으니 아이들은 힘들었을 거예요. 주입하려고만 했으니까요. 이겨먹은 저는 괜찮았지만 꼼짝없이 짓눌린 착한 아이들은 어땠을까요.

그렇게 책을 읽은 경험을 지금은 어떻게 생각할까, 그때 주입식으로나마 책을 읽은 게 습관이 되어 지금도 책을 좀 읽을까 궁금합니다.

저는 북큐레이션을 이해하면 힘이 생긴다는 말을 하고 싶습니다. '힘'이라는 결과는 독서의 즐거움을 알아서 습관적으로 책을 읽는다는 뜻입니다.

잘 몰라서 곤란해하는 사람들을, 잘 알고 있는 사람이 해결해 주는 과정이 큐레이션이라고 말씀드린 바 있습니다. 북큐레이션도 그러한 결과를 얻기 위한 것이지요. 그런데 지금과 같은 독서지도의 교육방법으로는 아이들을 더 곤란하게 만들 수도 있겠다는 생각이 많이 듭니다. 큐레이션에서 흔히 말하는 '상대방의 상황이나 욕구를 고려하라.'는 명제와는 동떨어져 있으니까요.

주입하지 말고 즐길 수 있게

독서지도를 필요로 하는 현장에는 어린아이들이 많습니다. 주로 초등학생 이하의 아이들이 독서와 글쓰기를 배우고 있지요. 그런데 대부분의 어린이가 자신의 관심사나 흥미에 맞는 책을 중심으로 수업을 받지 못합니다. 어디선가 정해놓은 필독서나 학교 교육과정에 맞추어 배경지식에 도움이 되는 책들을 중심으로 수업을 받고 있습니다. 이렇게 선택된 책의 내용이 나쁘다고 염려하는 것은 아닙니다. 다만 아이들의 성향과 상황을 고려하지 않은 독서지도 때문에 아이들이 독서에 대한 흥미를 오히려 잃어버릴까 봐 걱정됩니다.

우리 아이들은 저마다 사정이 다릅니다. 또래보다 키가 클 수도 있고 작을 수도 있고, 발이 클 수도 있고 작을 수도 있지요. 어떤 것을 가르는 '기준'으로 아이들을 바라보면 그 기준을 제대로 갖춘 아이들이 몇이나 되겠어요.

독서도 마찬가지죠. 이해력이 좋을 수도 있고 좀 부족할 수도 있잖아요. 어휘력도 마찬가지고요. 아이들의 개성과 차이를 무시한 채 필독서나 추천도서 위주로 독서지도를 하는 것은 한 번쯤 생각해볼 문제가 아닐까요? 책을 좋아하게 되고, 스스로 책을 읽게 되는 데 방해가 될지도 모르니까요.

어릴 때 책을 좋아해서 책 읽는 습관이 잡힌 아이는 성인이 되어서도 책을 좋아할 확률이 높습니다. 우리가 북큐레이션에 관심을 두는 궁극적 목적은 책읽기를 즐기는 독자를 형성하는 데 있다고 봅니다.

독서를 통한 수확은 삶을 충만하게 채워준다고 하잖아요. 그 충만함은 사람마다 다르겠지만요. 어쨌든 독서습관은 어릴수록 형성하기 쉬운데, 현실은 오히려 어린 예비독자를 책과 멀어지게 만드는 듯해요. 독서를 학습이라고 느끼지 않고 자연스럽게 즐기도록 하는 일도 시급한데, 한 번 맛들이면 빠져버리는 스마트 기기마저 아이들을 유혹하고 있잖아요.

독서의 중요성을 아는 어른이 먼저 아이들의 독서환경을 바꿔주어야 합니다. 그래서 저는 어린아이들을 지도하는 독서지도사들이 북큐레이션을 이해하고 활용해야 한다고 생각합니다. 아니, 북큐레이터가 되어야 합니다.

주입하지 말고 즐길 수 있게 해주어야 합니다. 선생님에게서 최소한의 도움을 받은 뒤에는 스스로 책읽기를 즐길 수 있도록 해야 합니다. 이를 위해 아이들 한 명 한 명에 맞춘 큐레이팅이 필요합니다.

대한민국 독서의 미래는 지금 아이들을 책임지는 북큐레이터 여러분께 달려 있다고 해도 과언이 아닙니다.

가정에서

독서교육 관계자 분들이 한자리에 모여 이야기를 나눌 때가 더러 있습니다. 책 읽는 이야기를 하다보면, 유아기나 초등학교 저학년 아동의 독서에 대한 이야기가 자연스럽게 나옵니다. 대개 그 시기 어린이의 독서를 위해 부모님이 바뀌어야 한다는 결론과 함께 대화가 마무리됩니다.

그래서 고민합니다. 어떻게 하면 부모님의 생각을 바꿀 수 있을까요?

유아기의 독서는 학습이 아니라 놀이여야 합니다. 이 시기의 아이들에게 책은 그저 놀이도구일 뿐, 아이들은 부모님이 생각하는 대단한 가치가 책에 있다고 생각하지 않습니다. 조심조심, 찢어지지 않도록 책장을 넘기고, 낙서하지 않도록 주의를 거듭 받아도 아이들은 그 말을 이해할 수 없고 받아들일 생각도 하지 못합니다.

책 보는 재미에 빠지다보면 자신도 모르게 책을 험하게 다룰 수도 있습니다. 책을 읽는 데 있어서 이 시기만큼은 아이들 비위를 살펴가며 맞춰주라고 저는 말합니다.

책은 음식과도 같아서 사람마다 좋아하는 것이 다릅니다. 그래서 독서에서도 성향이니, 취향이니 하고 말하나 봅니다. 성향은 어릴수록 더 분명하고 강하게 나타나는데, 이런 성향을 알면 책을 읽는 습관을 잡아주는 데 도움이 됩니다.

이 시기의 자녀를 둔 부모님은 아이들이 책 읽는 좋은 행동을 습관적으로 반복하도록 도와주는 일을 꼭 해야 합니다. 이 시기의 책은 놀이처럼 즐거움을 주는 도구가 되어야 하죠. 따라서 아이가 좋아하는 책으로, 아이가 읽고 싶은 만큼만, 아이가 원하는 방법으로 읽도록 내버려 두고 자유를 주어야 한답니다.

모든 부모가 북큐레이터가 될 수 있습니다. 우리 아이를 잘 아는 전문가는 다름 아닌 부모니까요. 부모가 북큐레이터가 되는 데는 특별한 자격이 필요하지 않습니다. 그저 아이와 함께 책을 읽고, 아이를 기다려주고, 아이가 좋아하는 책을 함께 공유해주는 것만으로도 훌륭한 북큐레이터가 될 수 있습니다.

공부가 곧 사회적 성공이라는 공식은 깨져버린 지 오래입니다. 부모세대의 경험을 자녀세대에 적용할 수는 없습니다. 명문대를 졸업해서 전문직을 갖는 게 정답인 양 가르치지 말아야죠. 지식이나 학력 위주의 교육은 19세기, 20세기의 교육이었습니다. 이제는 창의성과 협력, 소통능력을 키워주는 교육이 필요합니다. 문제풀이식의 공부가 아니라 몸으로 체화하는 공부, 아이와 지속적으로 소통함으로써 행복한 경험을 쌓아나가는 배움이 중요합니다.

그 중심에 바로 책이 있습니다. 그러니 엄마는 북큐레이터가 되어야 합니다.

조선시대에도
북큐레이터가?

"눈에서 번쩍번쩍 빛이 났다. 모든 책에 대해 모르는 게 없어서 마치

군자와 같았다." – 정약용 『여유당전서』 중

정약용이 극찬한 이 사람은 누굴까요? 눈에서 번쩍번쩍 빛이 나고,
책에 대해 모르는 게 없는 사람, 책만큼은 스스로 조선 최고라고 자
부하던 패기 넘치는 사람이 있었습니다. 바로 조선시대 서적 중매상
으로 '서쾌'라고 불렸던 조생이라는 사람이었죠. 조생은 양반가를
드나들면서 책을 사고파는 일을 했습니다.

"조생이 어떤 사람인지 알지 못한다. 책을 팔며 세상을 돌아다닌 지
오래되었으므로 그를 본 사람은 귀천이나 현우(賢愚)에 관계없이 모
두 그가 조생임을 알아보았다. 조생은 해만 뜨면 저잣거리로, 골목
으로, 서당으로 관청을 내달렸다. 위로 높은 벼슬아치부터 아래로

〈소학〉을 읽는 아이에 이르기까지 찾아다니지 않는 이가 없었다. 그가 달리는 것은 나는 듯했고, 그의 품에는 책이 가득 안겨 있었다.

> 영조 신묘년(1771)에 주린이 지은 〈명기집략〉에 우리 태조와 인조를 모독한 말이 있어서, 중국에 알리고 전국의 책을 대거 거둬들여 불태웠으며 그 책을 판 자는 죽였다. 이때 나라 안의 책장수가 모두 죽게 되었는데 조생은 이에 앞서 먼 지방으로 달아나 홀로 죽임을 면했다."
>
> – 『이향견문록』 조생 편

조선후기에는 양반뿐만 아니라 여성, 중인 계층도 책을 읽었습니다. 신분을 가리지 않고 문학을 즐기는 사람도 늘어났습니다. 한글 소설이 확산되면서 전국 곳곳에 소설책을 빌려 보는 사람이 생겼습니다. 서쾌는 전기소설을 빌려주면서 부녀자에게 돈이나 비녀, 팔찌 등을 받았습니다. 책을 중계하는 대가로 서쾌는 돈도 많이 벌고 인기도 높아졌습니다. 하지만 서쾌가 전성기를 이루던 영조 대에 조선의 왕을 모독하는 내용의 책인 〈명기집략〉이 문제가 되어, 이것을 유통한 서쾌들은 죽거나, 노예가 되거나, 유배되어야 했습니다.

조생은 "책이 없어진다면 나도 더 이상 달리지 않을 것이요. 하늘이

내게 명해 천하의 책을 모두 알라고 한 것이지요."라고 말했다고 합니다. "원하는 책이 있소? 무엇이든 말해보시오."라고 자신 있고 당당하게 말했던 조생, 조신선.

그는 지금의 북큐레이터였다고 할 수 있습니다. 소비자의 요구, 독자의 요구에 맞는 책을 선정하고, 책을 소개하는 일을 했던 북큐레이터의 선구자격인 조생의 이야기에 귀 기울일 필요가 있습니다. 인간이 책을 사랑하는 동안에는 현대판 서쾌인 북큐레이터도 사라지지 않을 테니까요.

4장

책과 사람을
연결하는 힘

내
이야기

누군가의 말처럼 강의를 하다보면 그야말로 자기 살을 파먹는다는 느낌이 듭니다. 그런데도 수강생에게 간접경험이 되리라는 생각에 맛이 있으나 없으나 제가 경험한 이야기를 적당량 강의에 얹고 있습니다.

물론 지금은 강의가 아니라 독자분들 대상으로 글을 쓰고 있지만요. 제가 가장 잘 아는 얘기는 제 이야기일 테니, 여기서도 이것부터 시작할까 합니다. 강의로 치면 이쯤에서 살짝 하품이 나는 시간이니 가벼운 이야기로 여는 것도 나쁘지 않겠지요.

제가 어쩌다 책으로 평생 밥을 먹는 사람이 되었는지 돌이켜보니 '콤플렉스'와 '결핍' 때문이었습니다. 콤플렉스는 아버지로부터 형성된 듯합니다. 아들이 없는 집안에서 맏딸에게 거는 아버지의 기대는 아들에게 거는 기대와 같았고, 아버지의 좌절을 보상해주는 것이었지요.

그래도 착한 딸이었는지 저는 20세가 다 되도록 아버지가 제게 거는 기대에 불평하기보다는 그 기대만큼 해내지 못하는 제 자신을 못마땅해했습니다. 아버지는 엄했고, 꼼꼼한 성격 탓에 대충 넘어가는 법이 없어서 딸아이만 있는 집인데도 분위기가 그리 밝은 편은 못되었어요.

책을 좋아하게 한 결핍

아버지의 친구 한 분이 시를 잘 쓰셨나 봐요. 그게 부러웠는지 어느 날 제게 말씀하시더라고요. 너도 글을 잘 썼으면 좋겠다고. 그게 제 머리에 남았어요. 글 쓰는 사람이 뭔지 잘 모르겠지만, 아버지의 한 마디는 어린 나를 꿈꾸게 했지요. 글을 잘 쓰면 왠지 멋질 거야 하고 생각하던 초등학교 3학년, 우리 반에서 매번 글짓기로 상을 받는 아이가 있었어요. 금테 안경을 쓰고, 머리가 긴 그 친구를 지금도 기억하는 걸 보면 그때 몹시도 부러워했나 봅니다.

그 무렵 같은 동네에 사는 친구 집에 놀러갔는데, 그 집에서

소년소녀 세계명작전집을 봤지요. 책꽂이에 몇십 권이 주르륵 한꺼번에 꽂혀 있는데, 순간 일시정지 화면! 노르스름한 표지의 양장본이 고급스러운 티가 나고 반짝반짝 너무 근사하게 보였어요. 손을 댈 수 없으니까 책을 꺼내지는 못하고 제목들을 찬찬히 들여다보았지요. 제목만으로도 이야기가 상상이 되어서 너무 읽고 싶어지는 거예요. 집에 돌아와서도 계속 생각났어요. 친구에게 빌려올 수도 있었는데 워낙 책이 귀하던 시절이라 부탁할 엄두조차 낼 수 없었지요.

먼 기억이지만 제가 책을 좋아하게 된 계기는 책을 가지지 못한 결핍 때문이었어요. 우리 집도 그리 부족한 살림이 아니었는데 왜 그때 유행하던 전집이 없었을까요. 그때부터 다른 집에 가면 그 집 책장부터 살펴봤어요. 소심한 성격 탓에 꺼내볼 용기를 못 내고, 제목만 읽고 또 읽었지요. 성인이 되고서야 남의 책장에서 책을 꺼내 읽고 빌려달라는 얘기도 주저 없이 꺼내게 되었습니다. 이렇게 저는 책에 관심을 갖게 되었네요.

결혼을 하고 꿈을 가졌어요. 우아한 현모양처가 되는 꿈. 지금 생각하면 웃긴데 그땐 그게 여자로서 최고의 삶이라고 생각했으니까요. 어쨌든 그 우아한 나날에는 음악을 듣고, 차를 마셔가며 책을 읽는 그림이 있었지요. 제 또래 여자라면 한 번쯤 꿔본 꿈. 그때는 저도 그랬어요.

현실에 쫓겨 살다보니 일기 외에는 글을 쓰기도 어려웠고, 독서를 하며 시간을 보내기도 녹록지 않았어요. 스트레스가 많았는지, 욕심이 많았는지, 삶에 대한 애착이 많았는지, 멀어지는 꿈에 몸살을 하다가 병이 났지요. 몇 발자국 걷지 못할 정도로 심한 빈혈. 쉴 수밖에 없던 그때 저는 책을 다시 만났습니다. 삼십 대 중반이었죠.

나를 살려낸 독서

인문학 강의를 들었어요. 글쓰기를 배우면서 책을 읽어나가는데 수업시간에 다루는 책 한 권 한 권에 얼마나 감동했던지요. 책을 가슴에 꼬옥 끌어안고 집으로 돌아왔습니다. 책을 읽고 생각하는 것으로 지금까지의 제가 무너졌어요. 예민하고 꼼꼼했던 제 성격은 저를 먼저 공격해서 상처주고, 다른 사람들을 밀어내며 저를 고립되게 했거든요. 그랬던 제가 타인과 더불어 독서하면서 바뀌기 시작했죠.

독서는 제가 살아온 세상과는 다른 세상을 보게 해주었어요. 책 한 권이, 그 책을 설명하던 낯선 선생님 한 분이 제 마음을 위로해주었고, 세상 사람들이 서로 다른 시각과 생각으로 살아가고 있음을 인정하게 했지요. 제 마음이 점차 편해졌어요. 독서는 저를 먼저 살려냈고, 많은 사람들을 만나게 하는 계기가 되었죠. 그 만남들이 제 영혼에 새살이 돋아나게 했고, 그 덕분에 살아갈 수 있었답니다.

이것이 제가 책을 읽는 이유입니다. 자신을 바라보게 하는 힘이 있는 책, 인간을 이해하게 하는 힘이 있는 책, 그래서 누구보다 자기 자신을 자유롭게 하는 책. 그런 책을 읽는 것은 요즈음 말로 소확행이었고, 더 나아가 밥줄이 되었습니다.

반세기를 넘은 나이 탓인지 건강상의 위기가 또 한 번 찾아왔어요. 모든 걸 내려놓고 생명을 유지하는 데 매달려야 했지요. 인간이 할 수 있는 일에 한계를 보게 된 그 즈음에도 저는 책을 이야기했습니다. 제가 별다른 능력이 없는 사람이거든요. 책을 좋아하는 사람들과 책 이야기를 하고, 책을 즐기고 싶은 사람들을 만나 그 방법을 모색하고, 책을 처음 접하는 과정에서 우리가 놓치지 말아야 하는 점이 무엇인지 이야기했지요.

제가 가장 잘할 수 있는 일이 무엇인지, 그리고 제가 즐거워하는 일이 무엇인지를 또 한 번 진지하게 고민했어요. 그 고민의 끝에서 저는 사람들이 책을 좋아하게 하는 일, 그 가치와 방법을 좀 잘 풀어서 전달해나가는 일을 선택했습니다.

책은 여전히 누구보다 나를 먼저 행복하게 합니다. 독서는 누구보다 나를 먼저 행복하게 합니다. 그래서 북큐레이션이야말로 제가 가장 잘할 수 있는 일이고 여러분이 누군가를 위해 할 수 있는 가치 있는 일이라고 생각합니다. 부모로서, 봉사자로서, 교사로서, 사서로서, 저마다 각자의 자리에서 '북큐레이터'를 꿈꾸는 모든 분에게 '북큐레이션은 내가 가장 행복한 일입니다.'라고 말씀드리고 싶습니다.

사람은
무엇으로 사는가

강의를 한참 하다보면 내가 이걸 왜 이렇게 열강하고 있나, 북큐레이션이 뭐라고 이분들이 귀한 시간 쪼개어 내 얘기를 들으시는 걸까 하는 생각이 들 때가 있습니다. 그냥 무심코 익숙한 길을 걸어가다가 내가 지금 어디로 가고 있는지 잠시 멈추고 생각하는 것처럼요. 그래서 저는 되짚습니다, 독서의 가치를 말이지요. 독서의 가치를 제쳐놓고 보면 강의장에 모인 우리들은 너무 웃긴 집단이 됩니다. 쏘옥 빠져서 듣고 있는 모습이 너무 진지해서 오히려 코믹해지기까지 하더라고요. 독서가 우리의 삶에 꼭 필요하다고 전제해야 우리가 북큐레이션에 그토록 몰입하는 이유를 찾을 수 있지요.

여기서 한 번 짚어볼까 합니다. 책을 읽어야 하는 이유는 여러 가지가 있습니다. 정보와 지식이 넘쳐나는 세상을 살고 있으니 그걸 좀 알아야 사는 데 불편함이 없겠지요. 사람들이 살아가는 이야기를 접하다 보면 이런 사람, 저런 사람을 이해하기가 수월하겠지요. 그러다보면 좀 덜 상처받고, 좀 덜 기대하고, 어떤 방향이든 자기가 원하는 방향으로 살아갈 힘을 얻기도 하겠고요. 이처럼 내가 살아가는 사회의 다양성을 이해하고 그에 적응해서 살아가는 데 독서가 필요합니다.

하지만 이것만이 우리가 독서를 해야 하는 이유는 아닙니다. 저는 보다 더 큰 이유 '사람은 무엇으로 사는가'라는 물음에 답을 찾는 것이 독서의 근본적인 이유가 아닐까 합니다. 사람은 무엇으로 사는가. 너무 거창한 물음이지요. 이 단순하지 않은 질문에 저 역시 대답하기가 어렵습니다. 그때그때 달랐으니까요. 그런데 '그때그때' 바뀌는 것이 우리의 전부를 걸어야 하는 삶의 명제가 될 수는 없을 것입니다.

우리가 책을 읽어야 하는 이유

저도 이 질문에 대한 답이 궁금할 때가 있었어요. 한창 힘들었을 때죠. 젊어서 경제적 여유도 없었고 몸도 마음도 다 고달팠어요.

이 질문에 대한 답을 제 나름으로 찾기 위해 선택한 방법이 사람들을 만나보는 것이었어요. 그들은 어떤 생각을 하는지 들어보고 싶었지요.

친구를 만나 묻기도 하고, 인생 선배에게 묻기도 했죠. 그런데 사람마다 답이 다 달랐어요. 누구는 돈이라고 하고 누구는 돈이 아니라고 하고. 돈만 있으면 다 되는 세상인데 돈이 전부가 아니라는 말에 더 솔깃해진 건, 아마도 제가 돈이 없는 사람이라서였을 겁니다.

이렇게 저는 사람을 살아가게 하는 그 '무엇'을 알고 싶어서 갈망했어요. 삶을 받쳐줄 든든한 가치가 이왕이면 내 마음에 드는 것이기를 바라면서. 지금 같으면, 휴대폰으로 검색이라도 했을 텐데 그땐 그러지도 못했지요.

그러던 어느 날 서점에 갔는데 그날따라 톨스토이의 단편집이 눈에 들어왔어요. 뻔한 스토리라 시시하게만 느꼈던 책 제목이 그때의 제 간절함과 같았거든요. '사람은 무엇으로 사는가' 제가 원하는 답이 들어있으리라 기대하며 책을 사들고 와서 단숨에 읽었지요. 읽은 게 아니라 답을 찾아 훑었다는 표현이 더 맞을 거예요. 그랬더니 사람은 사랑으로 산다고 하네요. '뭐야, 또 사랑이야? 만날, 어디를 가도 사랑 타령이야.' 하고 만족하지 못한 채로 다른 사람이 말하는 '그 답'을 찾게 되었지요.

그때는 사랑이 시시하고 만만했습니다. 누구나 사랑을 쉽게 말하니, 대단한 답이 아니라고 생각했습니다. 한 마디로 그때는 사랑을 잘 몰랐지요. 그렇다고 지금은 사랑을 썩 잘 아느냐 하면 그것도 아닙니다. 어떤 게 사랑인지, 어떻게 하는 게 사랑인지 아직도 모릅니다. 그러나 사람이 살아가기 위해선 바로 그 사랑이 필요하다는 것은 알게 되었습니다.

크고 작은 관심, 크고 작은 배려, 아무 말 없이 지켜보는 마음, 이런 것들이 사람을 살게 하는 힘이 된다는 걸 알게 되었습니다. 나이를 먹으니 생각이 편해집니다. 생각이 편해진다는 건 세상을 좀 살아봤다는 뜻일 테고, 세상을 살아본 만큼 경험으로 얻은 '사람 사는 일에 대한 답' 같은 것이 있다는 뜻일 겁니다.

나만의 답을 찾게 해주는 안내자

'사람은 무엇으로 사는가'라는 질문에 이제 제 나름으로 답해 봅니다. 사랑입니다. 무엇이 사랑인지 그 넓은 뜻을 다 알지는 못하나, 사람은 분명 사랑으로 살아갑니다. 어떻게 사랑해야 하는지 그 방법은 잘 모르겠지만 사람은 사랑하며 살아야 함을 압니다. 이건 물론 제가 찾은 답입니다. 여러분은 달리 답할 수 있을 겁니다. 사랑이 아니라 또 다른 어떤 것이 사람을 살게 하는 그 무엇이라고요. 사람들은 서로 다른 환경에서 서로 다른 경험을 바탕으로 생각하고, 판단하며 살고 있으니 당연히 다를 수 있지요.

우리는 살아가면서 끊임없이 자신에게 크고 작은 질문을 합니다. 그 질문이 가벼우면 가벼운 대로, 무거우면 무거운 대로 답을 찾아야 합니다. 그래서 저는 독서가 필요하다고 생각합니다. 독서는 내면에서 솟아나는 끊임없는 질문에 대해 여러 가지 참고답안을 보여주기 때문입니다. 그것이 내 문제를 해결하는 정답은 될 수 없겠지만, 다른 사람과는 다른 '나만의 답'을 찾아가도록 친절한 안내자가 되어줄 것입니다.

여러분은 자신만의 답을 어떻게 찾아가고 있으신가요?

『책을 읽는 사람만이 손에 넣는 것』(비즈니스북스, 2016)의 저자 후지하라 가즈히로는 '이 시대를 살아가기 위한 유일한 열쇠는 바로 책 안에 있다.'라고 말합니다. 20세기는 성장사회였습니다. 21세기는 성숙사회입니다. 성숙사회는 '개개인의 각자 시대'로 바뀌었다고 합니다.[5]

'다같이'를 외치던 20세기의 성장사회의 행복이 정형화되어 있었다면, 성숙사회의 행복은 저마다의 고민과 선택에 달려 있다는 것이지요. 이는 결국 시대가 추구하는 가치가 바뀌었다는

5) 후지하라 가즈히로 지음, 고정아 옮김 『책을 읽는 사람만이 손에 넣는 것』 비즈니스북스, 2016.

말입니다.

안정된 삶을 보장해줄 수 없는 이 시대에는 각자가 알아서 자신의 행복을 찾아가야 한다고 합니다. 이처럼 각자 자신만의 행복을 열어가기 위해, 작가는 '인생을 열어가기 위한 독서'가 반드시 필요하다고 역설하고 있습니다.

읽기
위하여

얼마나 많은 사람이 책을 읽고 있을까요? 지난 2018년 '함께 읽는 2018, 책의 해 독자 개발 연구 보고서'에 의하면, 한 달 평균 독서량은 1.1권으로 여성이 1.2권, 남성이 1.0권이며, 연령에 따라 독서량도 감소한다고 합니다. 독서에 영향을 미치는 요인 중 가장 큰 것이 개인적 관심과 취향이라고 답한 응답자가 41.1%였으며, 하는 일과 관련하여 읽는다고 답한 응답자가 32.6%였다고 합니다. 1년간 한 권의 책도 읽지 않는다고 대답한 비율이 23%, 단 한 권을 읽었다고 대답한 비율이 15%이며 독자 스스로 책을 많이 읽지 않는다, 또는 책을 싫어한다고 응답하는 사람들이 많았다고 합니다. 특히 10대, 20대가 책에서 멀어지고 있어 책 생태계[6]의 미래를 심각하게 위협하고 있기에 대책 마련이

6) 책을 출판물로만 바라보는 것에서 벗어나, 저술─제본─유통─독자를 하나로 묶어 생각하는 것을 말한다. 사회적으로 책문화 생태계를 살려야 한다는 인식이 형성되어 있다.

필요하다고 합니다.

독서의 이유 중 '지식과 정보를 얻기 위함'이 25.3%로 가장 높았고, '위로와 공감을 얻기 위해서'가 10.6%, '학교 공부, 취업을 위해서'가 8.2% 순으로 나타났다고 합니다. 독자 유형별 독서의 이유는 정보와 지식을 얻기 위함이 공통적으로 가장 높았고, 독서가 습관이 되어서, 위로와 공감을 얻기 위해서, 시간을 보내기 위함 등과 같은 이유 순으로 조사되었습니다. 애독자 집단은 독서하는 이유로 '독서가 습관이 되어서'라고 응답하여 애독자는 습관에 의해 독서를 하는 것으로 나타났습니다.

저는 '애독자는 습관에 의해 독서를 하는 것'이라는 말에 주목합니다. 독서가 중요하다는 사실은 누구나 알지만 누구나 다 독서를 하진 않더라고요. 그런데 독서가 누구는 해도 되고, 누구는 안 해도 되고, 어떤 사람에게는 필요하고, 어떤 사람에게는 필요 없는 것이 아니잖아요. 독서하는 이유가 정보와 지식을 얻기 위해서, 위로와 공감을 얻기 위해서, 학교 공부나 취업을 위해서라면, 이런 이유와 무관한 사람이 대체 얼마나 있을까요? 아니, 있기나 한 걸까요?

독서를 통해 얻을 수 있는 이로움은 우리 모두에게 필요한 것이고 우리는 이 이로움을 당연히 누려야 하는데, 우리는 왜 책을 특별한 누군가의 것이라고 생각하고, 나와는 별로 상관없다는 듯이 저 멀리 밀어두는 걸까요?

애독자는 습관으로 독서한다

생각해봅니다. 독서를 하지 않는다고 말하는 사람들은 정말 독서
따위는 안 해도 된다고 여기는지, 아니면 독서를 하면 좋다고 생
각은 하는데 잘하지 못해서인지. 그렇다면 오랫동안 독서와 관련
한 일을 하며 살아온 저와 같은 사람들이 '독서의 필요성을 어느
정도 아는 분들을 위해 무엇을 할 수 있을까' 하는 고민을 하지
않을 수 없겠지요.

　많은 사람들이 말합니다. 예쁘게 디스플레이된 책들을 보는
것만으로도 좋아서 책을 사게 된다고. 그렇게 마음을 움직인 책
을 펼쳐서 내용을 읽는다면, 설마 책 표지 하나 보고 느끼는 감
동보다 못하겠어요. 그래서 고민합니다. 어떻게 하면 그 책을 사
는 데 그치지 않고 읽고 감동하게 할 수 있을까요?

　현재 많은 사람들이 열광하는 북큐레이션(엄밀히 말하자면 북디스
플레이)을 두고 염려하는 목소리도 많습니다. 결코 이게 전부는
아니기 때문이지요. 결국 지금의 북큐레이션 열풍을 지속하게
해줄 그 무엇이 없고서는 한때의 유행에 지나지 않게 됩니다.

저는 교육적인 면에서 북큐레이션을 풀어내야 한다고 생각합니다. 사람들의 마음을 움직이는 북큐레이션을 개인에게 맞추어 생각해보자는 것입니다. 효과가 있는 북큐레이션의 열풍을 이어가려면 일단 독자가 많아져야할 테니까요.

책을 읽을 독자가 없다면, 책으로 사람을 유혹한다는 그 멋진 디스플레이의 생명력을 가늠하기가 어렵지 않을까요? 출판시장의 불황에 작은 탈출구가 되고 있는 북큐레이션이 먹혀들지 않고 주춤해질 때는 또 어떤 묘안을 찾아내야 할까요. 독서의 가치는, 그 필요성은 앞으로 더욱 커질 텐데 말이지요.

그래서 저는 '애독자는 습관에 의해 독서를 하는 것'으로 나타났다는 말에 주목하는 것입니다. 결국 독자가 있어야 합니다. 독자층을 만들어내지 않고서는 북큐레이팅에 대한 지속적인 관심과 효과를 기대할 수 없습니다. 북큐레이션을 통한 도서판매율도, 도서이용률도, 출판계의 불황에 대한 근본적인 대책도 공염불이 될 것입니다.

일주일에 한 번 이상 책을 읽는 애독자는 습관에 의해 독서를 한다는 사실을 염두에 두고 독자층을 형성할 방법을 찾아야 합니다. 한 사람 한 사람이 독자가 되게 하는 길은 각자에게 맞는 책을 찾아주고 읽을 수 있도록 안내하는 것입니다. 이를 위해 개인별 맞춤 독서교육에 북큐레이션을 접목하고 싶습니다. 큐레이

션의 기대효과는 개인의 문제해결을 통한 고객 만족입니다. 북
큐레이션은 사람들이 책과 관련해서 겪는 문제를 해결해주는 것
이고요.

독서습관 들이기

그러므로 제가 말하는 북큐레이션은 '책읽기를 싫어하는 예비독
자'에 대한 이야기가 중심이 될 것입니다. 책읽기에 대한 나쁜
기억으로 자기도 모르게 책을 멀리하게 된 사람을 독자로 만드
는 방법 말이지요. 그중에서도 특히 아동의 독서현장을 감안하
면서 어린 독자를 양성하는 데에 북큐레이션의 초점을 맞출 생
각입니다. 어렸을 때 책을 잘 읽으면 어른이 되어서도 책을 읽는
사람으로 살아갈 확률이 높다고 하니까요.

　독서는 결코 쉬운 일이 아닙니다. 인간은 '원래 책을 읽게 만
들어진 존재'가 아니라고 하지요. 독서하려면 읽고, 해석하고,
이해해야 하니 우선 글자를 배우고 단어를 이해할 줄 알아야 하
는 데다 혼자 몰입해야 하는 등의 노력도 뒤따라야 합니다. 사전
에 준비하고, 연습하고, 훈련해야 가능하다는 말입니다.

　그런데도 자신도 모르게 저절로 독서하는 사람이 되는 가장

좋은 방법이 있다면, 그것은 습관을 들이는 것이라고 합니다. 앞서 애독자의 경우도 습관이 있어 독서를 하는 것으로 조사되었으니까요. 이와 같이 독자층 형성에 바람직한 방안이 습관이라고 가정할 때, 유아·아동기에 있는 어린 예비독자를 고려하지 않을 수 없지요.

습관은 행동의 반복이며 자동적으로 발생하는 반응입니다. 자유롭게 변하는 의도적인 반응과는 다르지요. 또 습관은 선천적인 것이 아니라 습득된 결과이며 조기에 행하는 것이 가장 적합하다고도 합니다.

독서습관을 형성하는 데도 이러한 측면을 적용하면 될 것입니다. 어린 시기에 하고, 자연스럽게 반복하도록 하는 요소를 찾아 연결하면 독서습관을 형성할 수 있겠지요. 독서가 습관화되면 우리는 책을 더 가까이 할 수 있을 겁니다. 일주일에 최소 한 번 이상은 책을 읽거나 매일 독서를 하는 애독자가 될 수도 있겠지요. 생각만 해도 좋습니다.

이렇게 자기주도적인 독서를 할 수 있도록 한다면, 책의 생태계를 유지하기 위한 북큐레이팅이 여전히 그 가치를 발휘할 수 있을 것입니다. 우리의 마음을 사로잡는 북디스플레이는 가장 먼저 독자를 발굴하는 역할을 계속할 수 있지 않을까요.

그 사람을
위하여

앞서 언급한 책의 생태계란 저술과 출판, 유통과 독자를 하나의 연결선상에 놓고 생각하는 것을 말합니다. 책을 출판물 이상으로 보자는 견해지요. 책을 출판물로만 여기면 책은 결국 산업쓰레기가 된다고 해요. 저술과 출판, 유통과 독자를 하나의 연결선상에 놓고 책문화를 생각하는 것, 책의 생태계가 튼튼하게 잘 연결되도록 이 과정에 관여하는 사람들이 각자의 위치에서 최선을 다해야겠지요.

그래서 저는 독자를 형성하는 것에 관심을 두고 북큐레이션을 접목하고 싶다고 말씀드렸어요. 한 사람 한 사람에게 맞는 개인별 맞춤 북큐레이션을 적용하는 것은 독자를 형성하기에 참 좋은 방법입니다.

소비자를 두 가지 그룹으로 나눌 수 있습니다. 자기 스스로 원하는 것을 고르려는 사람과 매장에 있는 담당자의 도움을 받고 싶어하는 사람으로 말이지요. 책을 읽으려고 하는 예비독자도 마찬가지일 겁니다.

북큐레이터는 도움을 바라는 예비독자가 무엇을 원하는지 귀를 기울일 필요가 있습니다. 그럼으로써 개인의 관심, 개인의 흥미, 개인의 목적 등을 알 수 있으니까요. 유의할 점은 북큐레이터로서의 자기주장에 치중해선 안 된다는 것입니다. 독자가 즐거움과 함께 지적인 수확을 얻는 책을 스스로 찾을 수 있도록 지원해야 합니다.

강제하지 않으면서 독자와 함께 책을 찾아가고, 독자에게 길을 안내하지만 억지로 끌고 가서는 안 된다는 점을 명심해야 합니다. 어려운 일은 아닌 것 같은데도 우리는 종종 강제하거나 억지로 끌고 가면서 결국 북큐레이터로서 자기주장을 하고 마는 때가 있거든요.

어린 독자를 상대할 때는 더욱 조심해야 하지요. 책에 대한 첫인상이 좋아야 하는 시기니까요. 독자의 수준에서 생각하고, 독자의 이야기에 귀를 기울이고, 독자의 마음의 소리를 경청하고, 독자가 책을 고르려는 목적에서 벗어나지 않도록 주의해야겠습니다. 그래서 '그 사람을 위하여' 북큐레이션의 기준을 설정할 필요가 있습니다.

생애주기와 발달과업은 독서의 이유

사람은 변합니다. 오늘의 내가 어제의 내가 아닌 이유는 내 삶이 조금이라도 달라졌기 때문이지요. 사람이 변하는 것은 흐르는 시간의 요구입니다. 태어나면서부터 죽음을 맞이하기까지, 누구나 자신의 의사와 크게 상관없이 해야 하는 인생의 과업이 주어진답니다. 과업은 개인마다 차이가 있겠지만, 비슷한 사회·문화적 환경에서 살아가는 사람이라면 누구나 예외일 수 없겠지요. 우리는 이것을 생애주기에 따른 인간의 발달과업이라고 말합니다.

시대가 바뀌어 우리 삶에서 독서는 개인의 행복을 찾아가기 위해 필요하다고 했습니다. 변화된 21세기를 살아가는 우리, 생애주기에 따라 변화하는 상황에 놓인 우리는 여러 가지 문제에 부딪히게 됩니다. 자신의 삶에서, 가족과의 관계에서, 나아가 사회 구성원으로서의 역할을 수행하는 동안 정서적·신체적·관계적·지식적인 문제를 만나지 않을 수 없지요. 이 문제는 시간이 흘러 나이를 먹을수록 더한 것인가 봅니다.

친정엄마는 엄마가 되기를 기다리는 저에게 '그래도 뱃속에 있을 때가 제일 편한 거다.', 초등학교에 입학하는 우리 집 꼬마에게 '에고 너도 이제 편한 밥 다 먹었다.'라고 하셨지요. 생애주기의 변화에 따른 발달과업의 무게가 고스란히 느껴지는 말입니다.

생애주기에 따른 발달과업의 무게는 독서의 이유가 됩니다. 앞서 독서에 영향을 미치는 요인 중 가장 큰 것이 개인적 관심과 취향이며(41.1%), 하는 일과 관련이 있다는 응답이(32.6%) 그 뒤를 이었습니다. '관심과 취향' 역시 '직업' 원인 못지않게 자신이 처한 상황을 반영한다고 할 수 있지요. 즉 생애주기와 그 발달과업에 따라 독서가 필요하다는 말입니다. 따라서 예비독자를 위한 북큐레이션 기준은 생애주기의 발달과업으로 설정하면 좋겠습니다. 이는 삶의 방식을 반영하는 것과 같으니까요.

5 장

독서습관을
높이는 힘

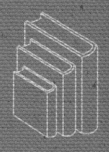

때
맞추어

타이밍은 우리가 일상에서 많이 쓰는 말인데요, 특히 경험이 많은 사람일수록 타이밍이 중요하다고 얘기합니다. 어떤 일에는 때가 있고, 때가 맞아야 효과가 있고, 때가 되면 하지 말라고 해도 하게 되는 등 때를 맞추는 것이 중요하다는 말이지요.

우리는 아이들의 조기교육을 얘기할 때 무조건 빠르면 좋다고 생각하는 경향이 있습니다. 그러다보니 조기교육이 오히려 실패로 돌아가는 경우가 많다고 해요. 이유는 조기교육이 아니라 적기교육이 되지 않아서라고 하지요.

적기교육이라는 게 딱 정해진 시기가 있는 건 아니라고도 하는데, 어떤 교육이든 피교육자의 발달과정에 바탕을 두는 게 맞지 않을까 합니다. 조기교육의 내용을 보면 어학, 예술, 수학 등과 같이 학습과 관련된 내용이 많습니다. 그래서 더더욱 아이의 뇌 발달 단계와 시기를 고려해야 합니다. 한겨울 얼어있는 땅에 씨앗을 심으면 안 됩니다. 언 땅을 파내기도 어렵지만 심은 씨앗의 싹을 틔우기도 어렵지요. 뇌 발달 시기를 고려하지 않는 조기교육은 실패로 돌아갈 확률이 높기 때문에 요즘에는 적기교육에 대한 관심이 높습니다.

엄마들이 공감하는 이야기 중의 하나가 둘째 아이가 첫째보다 잘한다는 말입니다. 첫 아이 때 지극정성 공을 들였는데 만족스러운 결과를 얻지 못해서 둘째는 좀 여유 있게, 아이가 원하면 해주는 식으로 하다보니 오히려 둘째가 낫더라는 거죠. 어깨너머로 배워서가 아니라 두뇌 발달의 시기에 따라 자연스럽게 생겨나는 호기심과 알고자 하는 욕구 덕분 아닐까요. 배만 고파도 꼬르륵, 신호가 오는데 하물며 한 인간으로서 살아가야 하는 아이들이 호기심을 갖는 것은 본능이지 않을까요.

두뇌발달과 독서습관

다들 아시다시피 좌뇌와 우뇌의 발달시기가 다르다고 하지요. 취학 전 유아기에는 우뇌가 주로 발달하고, 취학 후에는 좌뇌가 주로 발달한다고 합니다. 우뇌가 창의력이나 직관력, 집중력, 통찰력 등을 담당한다면, 좌뇌는 언어사고력, 수리력, 논리력, 분석력, 추리력 등 규칙적인 것을 주로 담당합니다.[7] 이것만 보더라도 적기에 맞는 교육 내용이 무엇인지 가늠이 될 듯합니다.

독서습관 형성을 위한 프로젝트를 아동기에 하려는 이유도 두뇌의 발달시기와 관계가 있기 때문입니다. 습관에 관여하는 뇌는 전전두엽, 기저핵, 소뇌, 대상회 등입니다. 전전두엽은 우리의 행동을 억제하거나 실행하게 하는 관리자와 같은 역할을 합니다. 전전두엽은 '무엇일까'를 판단하는 뇌와 달리 '무엇이 될 수 있을까'를 판단하기 때문에 습관을 만드는 유일한 방법은 전전두엽이 원하는 바를 뇌의 나머지 부위가 좋아하도록 가르치는 것이지요. 무엇인가를 하고 싶고, 무엇인가 되고 싶은 감정은 전전두엽을 통해 발생하니까요.[8]

기저핵은 반복행위를 담당한다고 합니다. 전전두엽은 쉽게 지치고 스트레스를 받는데, 이때 밸런스를 맞추도록 뇌를 조종하는 역할도 하고요. 의식할 수도 없고, 목표를 알 수도 없지만 패턴을 반복하는 특징이 있답니다. 그러므로 책읽기를 반복할 수 있도록 기저핵의 특징을 활용하고 이를 훈련하는 작업이 필요합니다.

---

7) 김영훈 『하루 15분 그림책 읽어주기의 힘』 라이온북스, 2014.
8) 김영훈 『4~7세 두뇌 습관의 힘』 예담, 2016.

기억이나 언어, 주의집중 발달에 영향을 주는 소뇌는 운동뿐만 아니라 인지발달과 정서발달에 영향을 주므로 뇌 발달을 염두에 둔다면 활발한 신체활동으로 소뇌를 운동하게 해야 합니다.

대상회는 신경회로의 연결이 이루어지는 곳으로 감동과 주의 집중을 담당합니다. 습관이 되게 하려면 뇌를 감동시켜야 하는데, 감동을 담당하는 곳이 바로 대상회입니다. 대상회는 전두엽을 도와 좋은 습관을 시작할 수 있게 해주고, 그 습관을 유지할 수 있게 해주는 뇌입니다.

두뇌가 어떻게 습관을 형성하고 유지하는지 알면 독서습관 구축에 도움이 될 듯해서, 지루한 두뇌 이야기를 꽤 길게 말씀드렸네요.

작은 습관부터 시작하라

독서도 습관이 필요하다는 조사 결과를 말씀드린 바 있습니다. 책을 읽고 사고하는 작업은 저절로 이루어지지 않습니다. 그래서 습관을 들여야 합니다. 습관을 들이면 뇌가 무의식적으로 독서에 이끌리게 되고, 독서가 생활의 일부로 자리 잡을 수 있습니다. 가장 바람직하고 자연스러운 독서습관 형성 방식이지요.

뇌가 무의식적으로 처리한다는 말은 무엇일까요? 습관이 들면 그것이 좋든 나쁘든, 뇌가 굳이 그 습관에 대한 판단을 하지 않게 됩니다. 몸이 저절로 반응하기 때문에 자연스럽게 해당 행동을 할 수 있게 되지요.[9]

심리학자인 윌리엄 제임스는 '우리의 삶은 습관 덩어리일 뿐'이라고 합니다. 그리고 습관형성에는 동기보다 인내할 줄 아는 의지력이 더 필요하다고 갈파합니다. 어떤 일을 지속하기 위해서는 동기보다 의지력이 더 믿을 만하다는 뜻입니다. 동기는 사람의 감정과 느낌이 바탕이 되므로 언제든 변할 수 있지만, 의지력은 매우 안정적이라서 믿을 수 있다고 합니다. 믿을 수 있는 의지력 또한 작은 습관에서 비롯됩니다. 잘 알려진 '스탠퍼드 마시멜로 실험' 역시 인내심을 발휘한 습관의 차이를 보여주는 실험이지요.

'아주 어린 시절부터 형성된 규칙성과 자율성의 집합'이라는 습관이 형성되는 때를 놓치지 않는다면 성공하는 인생을 산다고 할 정도로 삶은 습관과 연결되어 있습니다. 습관을 형성하기 위해서는 작은 습관부터 시작하라는 말이 있습니다. 아이가 부담스러워 하지 않고 꾸준히 그 행동을 반복할 수 있는 습관 말이지요.

『4~7세 두뇌습관』(예담, 2016)의 저자 김영훈 박사는 좋은 습관

---

9) 김영훈 『4~7세 두뇌 습관의 힘』 예담, 2016.

을 형성하려면 부모의 지속적인 도움이 중요하다고 합니다. 아이에게 매일 책을 읽어주거나 아이와 함께 도서관을 이용하여 책을 접한다면 아이가 자연스럽게 책을 좋아하게 된다는 것입니다.

어린이들에게 독서습관을 형성해주기 위한 프로젝트 북큐레이션은 본격적인 독서기로 접어들기 전에 선행되어야 합니다. 독서기란 스스로 책을 읽는 독서능력이 있는 시기를 말합니다. 대개 초등 4학년 전후를 독서기라고 합니다. 그 나이쯤 되면 스스로 읽을 책을 선택할 수 있고, 누군가의 도움 없이도 독서가 가능하다고 보기 때문입니다.

미국의 국립교육연구학회에서도 초등학교 4학년부터 6학년까지를 독서독립기로 봅니다. 이 시기는 개인적인 경험이 늘어나고 이해력의 크기와 속도가 증가하며, 독서 기술이 발달하는 시기라고 합니다. 그러므로 독서능력을 갖추려면 적어도 10세 이전에 독서습관이 형성되어야 합니다.

슈버트(D.G. Schubert)는 '독서능력이란 쓰여지거나 인쇄된 기호에 대한 신속 정확한 해석이다'라고 정의하고 있습니다. 독서능력을 구체적인 능력 인자로 구분하자면 안구 운동의 조정력, 독파력, 어휘력, 문법력, 문장 이해력, 비판력, 감상력 등으로 나눌 수 있습니다. 독서능력은 연령과 학년의 증가에 따라서 점진적으로 발달하지요.

다음 표에 정리된 연령별 독서시기와 독서목적을 살펴보고, 우리 아이를 위한 독서습관 프로젝트 기획에 참고해보세요.

〈독서시기별 독서목적〉

연령	독서목적
독서습관 형성기 (출생~ 초등 2학년)	이 시기는 독서의 기본적인 습관이 형성되는 시기입니다. 5세 이전의 유아들에게는 책을 접하게 하는 환경이 필요합니다. 책은 지식 습득의 도구가 아닌 하나의 놀잇감으로 생각해야 합니다. 책이 지닌 고유한 냄새, 책을 펼치고 덮을 때 나는 독특한 소리 등을 좋아합니다. 그림이나 다채로운 색에 끌리기도 합니다. 이러한 성향을 지닌 5세 이전의 유아를 위해서는 책과 가까이 할 수 있는 환경조성만으로도 충분합니다. 책을 자유롭게 접할 수 있는 환경에서부터 호기심이 확장됩니다. 추후 아이가 관심을 지닌 주제에 따라 호기심별 책으로 확장해나가면 좋습니다. 5세 이후부터 취학 후 저학년까지는 독서준비기라고 하여 책읽기를 준비하는 시기입니다. 문자 학습을 하는 것은 또 하나의 독서목적이 됩니다. 하지만 문자를 깨우친 후라도 그 문자에 대한 의미를 완전히 아는 것이 아니기 때문에 부모는 계속적으로 책을 읽어주어야 하는 시기입니다. 어른의 입장에서 문자를 읽는 능력과 문자를 해독하는 능력을 같은 것으로 보아서는 안 됩니다. 아이들의 이해력과 집중력 등을 고려하지 않은 상태에서 독서를 강요하기만 하면 책과 멀어지게 됩니다. 이 시기의 독서목적은 발달과업을 충실하게 이루기 위한 독서가 되어야겠죠. 오감으로 읽고 체험하는 독서, 흥미와 호기심을 갖게 하면서 책에 대한 부담을 덜어 가볍게 시작하는 독서가 된다면 독서습관을 형성하는 데 도움이 될 것입니다.

독서 전개기 **(초등 2학년~ 6학년)**	초등 연령기는 기본적인 독서습관이 형성되도록 주의를 집중하여 책을 읽을 수 있도록 지도합니다. 개인적인 경험의 폭이 다르기 때문에 이해력이나 독서력에서 편차가 심해집니다. 이 시기는 저마다 타고난 강점을 활용하여 독서의 폭을 넓혀가는 시기입니다. 교과학습을 돕는 차원에서 독서를 활용하는 시기이기도 합니다. 획일화된 독후활동이나 학년별 필독서를 중심으로 하는 독서는 개인별 상황을 고려하지 않습니다. 이러한 천편일률적 독서는 이후로 책을 싫어하게 만드는 요인이 됩니다.
독서 성숙기 **(중등기 이후)**	중고등학교 시기는 사춘기에 들어서면서 자아 정체성 탐구, 진로 탐색 등을 통해 자신의 삶을 설계하는 시기입니다. 진학이나 진로를 위한 도서 선택이 필요합니다. 이 시기는 학과 공부로 인해 다양한 목적으로 책을 읽기 어려워집니다. 책을 읽지 않기 때문에 부모나 교사가 보기에는 지금까지의 독서습관이 무너진 것으로 보일 수도 있습니다. 그러나 이 시기 학생들은 독서를 쉽게 할 수 없다는 사실을 고려해야 합니다. 이 시기에는 독서를 강요하지 말고 목적에 맞는 독서로 나아갈 수 있도록 함께 탐색하고 조율하는 작업이 필요합니다.
성인기	연령이 높아짐에 따라 환경이 달라지고 삶을 바라보는 관점도 달라집니다. 성인기도 시기별로 특징이 있습니다. 사회인으로서 삶을 준비하는 시기, 결혼 및 자녀 교육기, 은퇴기 등에 따라 각기 다른 독서목적과 환경이 제공됩니다. 각자 삶의 방식에 따라 책을 다르게 접하는 것입니다. 책을 읽는 목적도 확연히 달라집니다. 같은 연령대, 같은 성별일지라도 책을 접하는 목적이 다를 수 있습니다. 기혼 여성은 육아나 자녀교육에 관심이 있으며, 자녀가 없으면 심리적인 문제나 취미생활 등에 관심을 갖고 독서를 할 수 있습니다. 각자의 상황과 처지에 맞게 책을 선택하는 것입니다. 한편 남자는 직장과 관련 있는 전문서적, 자기계발서, 투자와 관련한 책 등에 관심을 보일 수 있습니다. 이처럼 성인기의 북큐레이션은 개인의 삶의 방식을 고려해야 합니다.

교육
이라서

교육이라는 말을 할 때 부작용이 많습니다. 교육자의 의도대로 아이들을 만들어가려고 하기 때문입니다. 특히 독서와 관련하여 교육이라는 말을 할 때는 더더욱 그렇습니다. 원래 나쁜 말은 아닌데, 지금 우리의 교육환경에서는 왠지 마뜩잖은 느낌으로 다가옵니다.

아시다시피 'educate'라는 말은 라틴어 'educare'에서 나온 것으로 '끌어내다, 발전시키다, 계발하다'라는 의미가 있습니다. 그런데 교육 현장에서는 상대방을 원하는 모양대로 만들어가기 위해 강압적으로 주입하는 방식으로 행하는 경우가 많지요. 결국 부작용이 생겨나게 하는 원인은 'educate'의 본질적인 의미에 접근하는 잘못된 방법에 있지 않나 싶어요.

'부작용 없는 독서교육을 찾아봐야 합니다. 독서교육의 부작용으로 책에서 멀어진 아이들이 다시 책을 읽게 할 독서교육을 찾아야 합니다.' 이건 제 말이 아니라 아이들에게 독서교육을 하는 독서 선생님들에게서 듣는 말입니다.

좋은 책 찾아서, 좋은 발문 만들어서 아이들과 씨름해가며 수업을 한다는 그분들의 말이 틀리지 않습니다. 열심히 잘하는데 자꾸 문제가 생긴답니다. 단지 책을 읽지 않으려고 한다는 게 아니라 책보다 더 재미있는 것이 점점 더 많아지는 문제가.

1년에 책을 한 권도 읽지 않는 비(非)독자의 특징을 보면 독서가 공부나 숙제같이 느껴진다고 합니다. 개인적으로 독서에 관심도 없고, 책을 읽어도 내용을 남에게 설명하기 어렵다고 하고요. 독서가 공부나 숙제같이 느껴진다는 데서 학교 다닐 때의 독서교육이 부정적인 영향을 주었다는 걸 알 수 있지요.

독서지도는 어린이의 호기심을 채우고 독서의 재미를 느끼게 해주어야 합니다. 하지만 실제 현장에서는 수동적이고 강압적인 독서경험 때문에 오히려 독서에서 멀어지는 일이 비일비재합니다. 지금의 독서교육 현장을 새로운 시각으로 보아야 할 필요성이 여기에 있습니다.

독서에 대한 흥미와 관심은 초등학교 때 최고수준에 이르다가 이후부터 전반적으로 감소한다고 합니다. 어릴 때 학교에서의 독서경험이 중요하다는 사실을 다시 한번 상기하게 됩니다. 초등학교 때 흥미나 즐거움을 중심으로 하는 독서가 이루어지도록 환경을 마련해주는 것이 중요하겠습니다.

초등기 아동을 둔 부모나 교사는 아이가 독서를 재미있고 즐거워할 수 있도록 진지하게 고민해야 합니다. 독서하는 재미는 독서습관을 형성하는 중요한 출발점입니다. 가끔 아이들에게 '그걸 왜 하니?' 하고 물어보면, '재밌으니까요!' 하고 까르르 웃곤 합니다. 재미에는 어떤 행동을 반복하게 하는 힘이 있지요. 재미를 느끼게 하는 요인은 많습니다. 그러나 먼저 독서의 주체인 어린이 개인의 취향과 수준에 맞아야 합니다. 그러나 전체적인 독서활동을 살펴보면 책을 선택하는 것도, 독후활동을 하는 것도 교사나 부모가 선택하는 경우가 대부분입니다.

많은 아이들이 좋아한다고 해서 우리 아이도 좋아한다고 보는 것은 잘못된 생각입니다. 그 아이에게 맞는 개별 처방으로 독서습관을 잡아가고, 잘못된 독서 경험을 다시 수정해야 합니다. 학습과 다름없는 독서지도, 글쓰기로 획일화되는 독후활동은 아이들이 독서에서 멀어지는 가장 큰 원인입니다.

서로 다른
출발

북큐레이션을 적용한 독서습관 형성 프로젝트의 출발은 우리 아이를 파악하는 것입니다. 학년이 같더라도 아이마다 독서수준은 다르고, 성별에 따라서도 독서수준이 다를 수밖에 없습니다. 제지인은 쌍둥이 남매를 두었는데, 두 아이의 이해력과 독서방향, 독서수준이 아주 다르다고 합니다. 여자아이는 엄마가 이끄는 대로 잘 따라와 책읽기를 즐기는 반면, 남자아이는 도무지 따라오지 못한다는 거지요. 그래서 엄마는 두 아이에게 각기 다른 독서 환경을 만들어 준다고 합니다. 남자아이에게는 초등 중학년인데도 여전히 책 내용을 읽어줌으로써 어휘력 확장을 돕고, 끊어 읽기를 해줌으로써 문장 이해와 내용 습득을 도와준다는 것입니다.

제가 쌍둥이 이야기를 한 것은 같은 날 같은 때에 엄마 뱃속에 자리 잡아 세상에 나온 아이들조차 서로 다르다고 말하기 위해서입니다. 이렇게 아이마다 다 다른데 학년만 기준으로 잡고 독서지도를 했으니 책에서 멀어질 수밖에요.

아주 기본적인 출발점부터 잘못되어 있었다는 데 공감하시겠지요. 독서습관 프로젝트 북큐레이션은 개인으로부터 출발합니다. 개인의 성향과 관심, 어휘력과 이해력, 집중력 등을 바탕으로 해서 독서가 자연스럽게 몸에 밴 습관이 되도록 읽기에 부담 없는 가벼운 책, 재미를 느낄 수 있는 책으로 시작해야 할 것입니다.

습관을 형성하려면 시간, 반복과 보상, 동기와 의지력이 필요합니다. 아시다시피 습관은 일정한 기간 꾸준히 반복함으로써, 자연스럽게 습관을 사용하라는 뇌의 명령을 따르게 되는 것입니다. 이러한 과정에서 빠질 수 없는 것이 보상이죠. 보상은 습관을 위한 특별한 경험을 앞으로도 계속 이어갈지에 대한 가치 판단의 기준이 된다고 합니다. 이때의 보상은 상이나 칭찬 등의 외적 보상도 중요하지만 재미나 성취감, 자기 발전을 느낄 수 있는 내적 보상이 더욱 중요하다고 합니다. 자신이 스스로 나아지고 있음을 느낄 때 계속 반복할 수 있게 된다는 말이지요.

습관형성을 위해서는 동기유발도 중요하지만 동기는 가변적이므로 습관형성을 위한 주요 요소로 보지 말라는 말도 있습니다. 아무래도 동기는 사람의 감정이나 기분, 호르몬의 변화, 에너지의 유무, 상황에 따라 변할 수 있기 때문입니다.

목표를 반드시 이루고야 말겠다는 의지력은 습관형성에 일관성을 부여해 줍니다. 의지력은 성취감을 경험하는 횟수와 관련되기 때문에, 작은 성공의 경험을 통해 성취감을 축적하는 것이 중요합니다. 작은 습관을 이루기 위한 전략을 세워 이를 성취함으로써 긍정적인 행동을 지속적으로 이어나가도록 해야 한다는 것입니다. 천 리 길을 나아가는 첫걸음, 작은 한 걸음의 중요함을 다시 새겨보게 됩니다.

습관형성에 걸리는 시간, 얼마면 될까요? 사람이 되고 싶어하는 곰의 간절함, 사람이 되기 위해 곰이 기다려야만 하는 시간, 사람이 되기 위해 쓰고 매운 마늘과 쑥만 반복해서 먹는 식사, 이 속에서 습관형성을 위한 방법과 가치라는 중요한 메시지를 발견하고 새삼 놀랐습니다.

연구자마다 다르지만 습관은 18일부터 254일까지의 인내를 요구하며, 평균 66일에서 100일 동안 행동을 반복하면 몸이 자동적으로 반응하게 된다고 합니다. 습관을 처음 실행에 옮겨서 21일이 되면 뇌는 새로운 습관을 저장한다는데 작심삼일 일곱 번, 21일을 인내하는 의지력을 가진 곰은 환웅의 아리따운 아내가 될 자격이 충분하지 않을까요. 곰이라는 동물이 인간으로 바뀐 것도 습관 덕분입니다. 이것을 책읽기에 적용하여 독서습관을 형성한다면 인생은 분명히 달라질 겁니다. 이렇게 가치 있는 긍정적인 습관으로 독서의 첫걸음을 디뎌야 합니다.

독서의 즐거움은 무엇으로 시작해야 할까요? 재미를 주는 책, 평소에 관심을 가지던 분야, 부담 없이 읽을 수준의 책으로 시작한다면 독서의 즐거움을 느끼는 첫걸음으로 무리가 없으리라 생각합니다.

부담이 없어야 한다

유치원에서 부모 대상 독서교육을 할 때의 일입니다. 유아기 아동의 부모를 대상으로 하는 독서 강의는 인기가 많습니다. 어린 시절의 독서환경이 평생을 좌우할 수도 있으니, 어떻게 하면 책을 잘 읽는 아이로 자라게 할까, 어떤 독서환경을 만들어주면 좋을까 하는 이야기에 부모의 관심이 높을 수밖에 없지요. 그날도 유치원생 아이처럼 초롱초롱한 눈빛으로 강의에 몰입하는 엄마들의 모습을 보면서 열심히 강의를 했답니다.

그런데 시간이 흐를수록 유난히 얼굴이 어두워지는 학부모 한 분이 눈에 들어왔습니다. 혹시나 '강의 내용이 마음에 들지 않는 걸까?' 하는 불편한 생각으로 강의를 끝내고 곧장 나가려는데, 누군가가 "선생님!" 하며 다급히 저를 불러 세웠습니다. 강의 시간 내내 시무룩한 표정을 짓던 그 학부모였지요.

"선생님, 우리 아이가 일곱 살인데 책을 잘 읽지 않으려고 해요. 원래 책을 잘 읽던 아이인데 요즘은 자꾸 책을 멀리하려고 핑계를 대요. 도대체 이유가 뭘까요?" 하고 물으셨습니다. 아이가 하루에 책을 몇 권 정도나 보느냐고 제가 질문했더니, 일곱 살 아이가 하루에 6권에서 10권까지 읽는다고 답합니다. '아니, 하루에 10권까지!' 엄마가 직장에 다니느라 아이에게 책을 읽히는 것으로 엄마의 부재를 메우려고 하셨던 게 아닌가 하는 느낌을 순간 받았지요.

이어서 "다 읽으면 칭찬 스티커도 주고 있어요. 독서록도 간단히 쓰게 하고요. 이전에는 책을 좋아하고 잘 읽던 아이였는데." 라고 말씀하셨죠. 갓 일곱 살이 된 아이에게 하루에 책을 10권 정도 읽히고, 칭찬스티커로 격려하고, 거기다 때로 독서록까지 쓰게 한다던 그 어머님의 얼굴이 아직도 선명히 떠오릅니다. 그 말씀을 하실 때 아이의 독서지도를 잘하고 있다는 자신감이 넘쳐 보였거든요.

여러분도 이 이야기에서 문제점을 발견할 수 있을 겁니다. 먼저 6권에서 10권까지의 독서는 일곱 살 아이에게 상당한 부담이었겠지요. 그림책이라도 해도 그 안에는 작가가 전하는 메시지가 있는데, 그게 모두 가볍다고만 할 수 없으니까요.

그러한 메시지를 하루에 6~10가지를 만나고 이해하는 게 버겁지 않았을까요? 책을 읽고 받아들일 수 있는 분량은 밥을 먹고 소화할 수 있는 양에 비유한다면 어떻게 보실지 모르겠으나 저는 둘이 다를 바가 없다고 생각해요. 아무 관련도 없는 책을 하루에 6권 이상 보라는 것은 아이의 소화력을 무시한 채 한 무더기의 밥을 다 먹으라는 것이나 마찬가지입니다. 아이는 그 많은 밥을 다 먹어야 한다는 의무감에 맛도 느끼지 못하고 꾸역꾸역 입속으로 밀어 넣었겠죠. 이런 식의 독서가 얼마나 지속될 수 있을까요.

또 하나의 문제는 일곱 살 아이가 한글을 읽을 수 있다고 해도 그건 그야말로 '읽을 수 있다'는 수준일 뿐이라는 겁니다. 무슨 말이냐면 글자는 읽을 수 있어도 단어를 이해하고 읽는 수준은 아니라는 거죠. 어휘력이 부족한 아이가 혼자서 그 많은 양의 책을 읽을 때 어떤 기분이 들었을까요? 막막하고, 복잡하고, 괴롭기까지 하지 않았을까요?

유아기의 독서는 아이가 아니라 엄마가 하는 것, 어른이 읽어주는 독서라고 하는 이유가 이것 때문이겠지요. 어휘력이 부족하면 이야기를 이해하기 어려우니 재미있을 리 없고, 다른 책을 또 읽어봐야겠다는 생각으로 이어지기는 더욱 어렵습니다. 물론 그림책이니 그림을 보면 되지 않으냐고 할 수도 있지만, 일곱 살을 위한 그림책은 글의 양이 그리 적지 않았을 거예요.

한글을 뗐다고 해서 아이 혼자 책을 읽게 하지 말라

한글을 깨우쳤으니 아이 혼자 책을 읽을 수 있다는 생각은 어른의 착각입니다. 어른인 우리가 낯선 외국어를 배울 때와 비교하면 쉽게 이해할 수 있을 텐데요, 알파벳과 발음기호를 배워서 영어 단어를 소리 내어 읽을 수 있다고 해서 우리가 그 단어의 뜻까지 알진 못하잖아요. 읽을 수는 있는데 무슨 내용인지는 모를때 어떤 생각이 들던가요? 깊이 생각하지 않고 그냥 관심 밖으로 밀어내게 되잖아요.

그래서 저는 아이가 유아기인 부모님들을 만나면 한글을 뗐다고 해서 아이 혼자 책을 읽게 하지 말라고 꼭 당부합니다. 한글을 뗀 아이가 스스로 책을 읽을 수 있으리라고 착각하는 이때가 아이에게는 독서의 첫 고비가 되는 셈입니다. 책을 좋아하던 아이가 책에서 멀어지게 되는 첫 고비는 한글을 일찍 뗄수록 빨리 찾아오는 겁니다.

요즘 맞벌이 가정이 많은데 퇴근 후에 아이를 제대로 돌보기

가 쉽지 않지요. 그래서 책을 읽게 하려고 기계 장치를 활용하곤
합니다. 잘 활용하면 효과가 있겠지만 뇌 발달이 급격한 이 시기
에는 아이 스스로 뇌를 자극하게 하는 것이 좋습니다. 스스로 생
각하고 상상하면서 재미를 찾고, 스스로 오감을 자극하고 활용
해야 합니다. 이를 위해 가장 좋은 것 중 하나가 그림책이죠.

우리 아이가 책을 좋아하게 될지 아닐지가 결정되는 첫 관문
인 유아기에는 부담 없는 책읽기가 먼저입니다. 적어도 이때만
큼은 부모가 함께 책을 읽어주어야 한다는 점을 기억하고 실천
하시면 좋겠습니다.

일곱 살 아이에게 독서록을 쓰게 한 것은 이런 측면에서도 문
제가 됩니다. 내용을 잘 알지 못하는데 무엇을 쓸 수 있겠습니
까. 글 한 줄이라도 쓰고, 말 한마디라도 하려면 머릿속에 내 것
이 된 어떤 생각이 있어야지요. 책을 이해하지 못한 아이들에게
독후감이나 독서록을 쓰라고 하니 '좋았다' '재미있었다'라고만
쓰는 겁니다. 이걸 본 부모님은 또 걱정이 태산이 되고요.

독후감을 잘 쓰게 하려면 우선 잘 읽을 수 있게 해야 하죠. 읽
을 때마다 글을 써서 남긴다는 생각도 버리셔야 합니다. 여러분
에게 영화표를 무료로 주는 대신 보는 영화마다 감상문을 써내
라고 한다면 어떻게 하시겠어요?

영유아기의 독서는 호기심과 재미에서, 상상하는 즐거움에서

시작되고 지속됩니다. 그러다보면 저절로 책을 가까이하게 되고, 마침내 시나브로 습관이 되는 것입니다. 독서가 놀이처럼 즐겁고 자연스러워진다면 책에 더 쉽게 다가갈 수 있겠지요. 바람직한 독서습관을 들이는 데 가장 중요한 것은 칭찬 스티커나 보상이 아니라, 아이들 뭔가 하나씩 알아가고 있다는 느낌과 스스로 느끼는 성취감입니다.

내 아이에 꼭 맞는 북큐레이션

제게 질문한 어머님은 매일 10권의 책을 읽고, 독서록을 쓰는 습관을 만들어야 초등학교 입학 후에도 독서가 계속 된다고 생각하셨을 겁니다. 다른 부모님도 마찬가지겠고요. 그런데 시간이 지날수록 아이는 영 엉뚱한 방향으로 가니 걱정스러울 수밖에요.

기본을 지키는 북큐레이션을 강조하고 싶습니다. 별 것 없습니다. 특히 유아기의 아이들은 그들이 원하는 대로 책을 접하게 해주면 됩니다. 아이가 읽고 싶도록, 아이가 원하는 만큼만 책을 보여주는 것입니다. 옆집에 사는 또래 아이들과 비교하지 마시고, 그 또래의 독서력 평균치도 무시하시고요. 그 아이다운, 남과 다른 면이 분명 있잖아요. 내 아이인데 그만한 자신감도 확신도 없진 않으시겠죠?

이 시기는 출발 지점입니다. 목적지에 잘 도착하는 것이 중요하지, 출발 지점이 중요한 건 아니잖아요. 연령별·학년별로 주어지는 추천도서 목록 ○○권이 있다면 내 아이에게 맞도록 재배열해주세요. 내 아이와 접점이 없다면 추천도서 목록에서 과감히 벗어나세요. 참고만 해도 탈 날 일이 전혀 없답니다. 내 아이에게 맞지 않는 것은 추천도서로도 필독서로도 아무 의미가 없으니까요.

나이나 학년에 따라 아이들의 독서력, 어휘력, 이해력의 평균에 맞추어 선정해 놓은 많은 책을 의무적으로 읽고, 획일적인 방법으로 체크하는 글쓰기 형식의 독후활동은 아이가 책에서 멀어지게 하는 원인일 뿐입니다.

내 아이에 꼭 맞는 북큐레이션을 해주어야 책 읽는 습관을 갖게 됩니다. 누차 말씀드리는 부분이지만, 독서는 습관이 되면 아주 유리합니다. 책읽기는 어른이 되어서도 반드시 필요하므로 어릴 때의 유쾌한 독서 경험이 중요하죠. 그게 어른이 된 후에도 책을 읽게 하니까요.

종이책을 읽은 경험 덕분에 전자책과 같은 다양한 매체를 활용해서 읽는 즐거움도 누릴 수 있지요. 좋은 경험은 내재되어 사라지지 않으니까요. 저는 어릴 때의 공포스러운 경험 때문에 물과 관련한 놀이나 스포츠를 전혀 하지 못한답니다. 아예 포기해버리는 거지요. 하지만 물을 좋아하는 사람들은 어른이 되어서도 다양하고 멋있는 수상 스포츠를 즐깁니다. 책에 대한 경험도 마찬가지입니다. 우리 아이들이 책읽기를 놀이처럼 즐길 수 있도록 큐레이팅 해보시기 바랍니다.

관심사로부터 시작해야 한다

책을 좋아하는 사람, 책을 싫어하는 사람. 이렇게 두 부류를 놓고 볼 때 북큐레이터가 필요한 대상은 어느 부류일까요? 얼핏 보면 책을 싫어하는 사람들에게만 북큐레이터가 필요할 것 같지만 사실은 둘 다 북큐레이터의 도움이 필요합니다.

책을 좋아하고 잘 읽는다면 도서 검색과 선별 정도만 도와줘도 됩니다. 책을 싫어하고 읽기를 부담스러워한다면 북큐레이터로서 관여하는 정도가 조금 더 깊어지지요. 마치 자전거 타기를 가르치듯이 스스로 책을 찾고 읽을 수 있을 때까지 개인의 사정에 맞는 북큐레이팅을 제공해주어야 합니다.

민수라는 3학년 남학생이 있었습니다. 민수는 모범생이었죠. 엄마가 시키는 공부도 열심히 하고, 독서록도 꼬박꼬박 잘 쓰는 아이. 선생님도 항상 칭찬하는 아이였습니다. 책도 꾸준히 잘 읽는 것 같아서 어느 날 민수에게 물었죠. "책 읽는 것이 재밌니?"

"싫어요!" 민수는 조금의 망설임도 없이 대답했습니다. "왜 싫어?"라고 물으니 "제가 읽고 싶은 것도 아니고, 재미도 없어요. 그냥 숙제니까 읽고, 엄마가 읽으라고 하니까 읽어요. 독서록도 써야 하고…."라며 의무감에서 책을 읽는다고 대답했답니다.

기억나시죠? 책 읽는 것이 숙제가 되고, 학습이 되는 바람에 부담스러워서 책을 읽지 않는 비독자가 많다는 것. 학습이나 숙제가 되어버리는 독서는 책읽기에 대한 흥미를 급속도로 떨어뜨린답니다. 인간은 타인이 시키는 일이나 의무적인 일을 좋아하지 않습니다. 즐거워서 자발적으로 하는 일에서 동기부여가 생기고, 감정과 환경의 변화에도 지속할 수 있는 인내력이 생겨납니다. 타의적이고 강압적인 일은 계속하기가 어렵지요.

책을 과제하듯이 읽는 민수는 학년이 올라갈수록 책을 읽지 않을 가능성이 크지요. 숙제처럼 검열당하는 책읽기에 재미도, 흥미도 느낄 수 없고, 반복할 만한 가치 있는 내적 보상은 더더구나 느끼기가 어렵기 때문이지요. 이와 같이 책을 많이 읽는 민수 같은 아이들에게도 북큐레이팅은 필요합니다. 스스로 책을 읽고자 하는 마음이 부족하니까요.

먼저 민수의 성향이나 관심사를 체크해보는 것이 좋겠습니다. 성향을 체크해서 민수를 단정 짓자는 말은 아닙니다. 어떤 것에 관심이 있는지 알면, 민수가 흥미를 가질 만한 책을 선별하기가 수월해지니 참고하자는 것뿐입니다. 특히 독서습관을 형성하기 위한 프로젝트라면 아이의 성향을 파악하는 데서 출발해야지요. 호기심과 관심에서 출발하는 독서는 오래 지속됩니다. 책읽기 자체가 재미있으니까 누가 시키지 않아도 자발적으로 계속 읽게 되지요.

유아동기의 독서의 핵심은 무조건 '재미'

습관이 되려면 무조건 재밌어야 한다는 말에 일리가 있습니다. 심하게 말하면, 유아기에서 아동기까지의 독서는 처음부터 끝까지 '재미' 요소가 가장 중요해요. 책읽기를 놀이처럼 즐겁게 경험한 아이들은 책 읽는 분위기 자체를 좋아하죠. 그런 즐거운 경험이 누적되면 스스로 책을 읽게 되겠지요. 유아기, 초등학교 저학년 아이들에게 독서습관을 만들어 준다고 하여 칭찬 스티커를 붙이거나, 과제를 수행하듯이 책을 읽히는 것은 결국 엄마의 욕심을 채우는 일밖에 안됩니다.

여러분의 어린 시절을 떠올려보세요. 재미없게 억지로 공부한 것은 머릿속에서 금방 사라져버려요. 시험만 끝나면 머릿속에서 순식간에 휘발되어버린 지식이 많잖아요. 시험을 위한 공부, 시험을 위한 독서를 한 거죠. 하지만 내가 진짜 좋아해서 책을 읽은 경험은 성인기가 되어서도 잊히지 않습니다.

　최근에 읽은 유디트 샬란스키의『머나먼 섬들의 지도』(놀와, 2018)는 1980년대 동독에서 태어난 북디자이너인 작가가 만든 '지도책'입니다. 한 번도 가본 적 없는 섬 이야기와 지도를 함께 실어 놓은 아름다운 책이었어요. 대자연을 그린 다큐멘터리에서 봄직한 갈라파고스 제도에 살고 있는 이구아나, 절대 비행기 타고 쉽사리 갈 수 없는 극지방, 남극대륙의 섬을 소개했습니다. 이 책을 읽으면서 초등학교 때 읽은 다니엘 디포의『로빈슨 크루소』가 떠오르더군요. 지금 생각해보면 인생 자체가 무인도인데 그땐 그걸 몰라서 호기심에 동경하기까지 했지요.

　관심에서 즐거움으로 나아가는 이야기가 길어졌습니다만, '민수의 입장'에서 북큐레이팅을 기획하는 것은 우리가 큐레이팅을 하는 과정에서 꼭 지켜야 하는 사항입니다. 민수가 만족하도록 하는 것이 북큐레이션의 의미 있는 목적이니까요.

　북큐레이팅을 하는 과정에서는 아이가 관심을 가지고 읽는 책이 만화책이어도 상관없답니다. 책을 의미 있게 연결하는 것이 북큐레이션이므로 만화책에 담긴 내용과 관련 있는 책으로 연결해가면 되니까요. 이런 방식으로 영역을 차츰 넓히고 난이도를 높여나가는 북큐레이팅은 여러 영역의 책을 거부감 없이 읽는 아이로 만들어줄 것입니다. 나도 모르게 하는 그 행동. 습관이 무서운 이유겠지요. 독서도 습관이 되어야 합니다.

진짜 책을 좋아하는 아이가 되길 바란다면 독후활동에도 신경을 써야 합니다. 제가 오랜 시간 독서와 관련 있는 일을 할 수 있었던 이유 중 하나는 독후활동의 대부분을 차지하는 독후감 쓰기가 별로 부담스럽지 않았기 때문입니다.

앞에서 글쓰기를 잘 하는 친구가 부러웠다고 했잖아요? 그러다보니 글을 쓰는 일에 관심이 많았어요. 그런데 대부분의 사람들은 글쓰기를 별로 좋아하지 않습니다. 특히 형식을 갖추어 써야 하는 글, 누군가에게 제출하고 검사받아야 하는 글은 더욱 싫어합니다. 독서의 전체 흐름을 잡아서 북큐레이션을 할 때도 상대방에게 압박감이나 의무감을 주지 않아야 합니다.

습관을 형성하기 좋은 나이에 있는 아이들에게 좋은 북큐레이션을 제공해주려면 먼저 아이들과 아이들의 상황을 있는 그대로 존중해주어야 합니다. 그러다보면 책읽기의 재미를 알게 되고, 책을 좋아하고 되고, 더 나아가 관심이 없는 책도 읽어낼 수 있을 테니까요.

어린이 독서지도에서 중요한 것은 '힘빼기'

아이들이 책읽기를 싫어하는 이유는 재미 이전에 이해가 안 되기 때문일 가능성이 큽니다. 책을 읽어도 그 단어가 무슨 뜻인지 모르니 재미가 없을 수밖에요. 결국 책은 그저 재미없고 답답한 물건이라고 생각하게 되는 것입니다. 그러므로 어린 예비독자의 상황을 항상 인정하고 존중해주어야 합니다.

언젠가 들은 이야기입니다. 어떤 선생님이 책을 같이 읽자고 하자, 초등 1학년인 아이가 한숨을 내쉬며 이렇게 말했다고 합니다. '책이요? 책은 생각만 해도 가슴이 답답합니다.' 애어른 같은 말투라 웃음이 먼저 났는데요, 사실 웃어넘길 수만은 없는 이야기죠.

어린이들을 위한 독서지도에서 중요한 것은 '힘빼기'입니다. 힘이 들어가면 뜻밖에 망치게 되는 일이 많습니다. 특히 사람과의 관계에서는요. 여기서 힘을 빼야 한다는 말은 교사로서, 부모로서 알고 있는 독서지도 관련 테크닉을 다 내려놓으시라는 것입니다. 평생교육시스템이 발달한 요즈음 엄청 많은 자료를 통해 독서지도와 관련한 교육을 접하셨을 겁니다.

북큐레이션 과정을 듣던 선생님 한 분이 질문을 했습니다. '이 과정까지 듣고 나니 머리가 아파요. 지금까지 배운 것도 많은데 이걸 아이들 수업에 어떻게 다 접목해야 할지 혼란스러워요.' 여러분이라면 뭐라고 대답하실 건가요?

저는 '아니 지금까지 뭐 들으셨어요? 북큐레이션은 대상에게 맞춤하는 것이 우선이라 했는데 왜 또 선생님 입장에서 줄려고 하시는 겁니까? 모든 독서지도 노하우를 다 내려놓으세요! 그 많은 노하우는 선생님의 실력이지만, 아이들에게 꼭 필요할 때만 하나씩 풀어놓으세요. 북큐레이션은 힘빼기입니다. 더하기가 아니라 덜어내는 거예요. 어떤 아이를 만나는지에 따라 선생님의 실력도 덜어내고 조율해주셔야 합니다.'라고 말씀드린 뒤에 다 함께 웃었답니다.

힘을 뺀다는 것. 간단한 듯하지만 참 쉽지 않아요. 어른의 욕심으로, 어른의 생각으로 이끌어가는 책읽기는 아이에게서 책을 빼앗는 것과 같다는 사실을 잊지 말아야 합니다.

목적에 맞아야 한다

어느 정도 책을 접하는 것을 즐기게 되면 개인의 목적에 맞추어 큐레이션을 기획할 수 있습니다. 책을 읽어서 얻을 효과를 생각하며 연령별로, 수준별로 나누어 독서목적을 정해봅니다. 책을 다양한 각도로 잘 활용하는 것을 염두에 두고 아이들의 목표를 장기, 중기, 단기 목표로 세분화한 뒤에 북큐레이션을 해주는 것이 좋습니다.

예를 들어 학령기 아이들에게는 일상생활과 관련한 주제부터 학습과 관련한 월별, 계절별 학습주제가 있습니다. 주제에 따라 도서를 선별할 때는 잘 활용되지 못하고 묻힌 도서를 새롭게 발견하도록 도와주는 것도 좋습니다. 주제가 정해지면 그와 관련된 도서를 찾아내고, 다시 목적에 맞는 책만 남기는 과정을 거듭합니다. 일상생활이나 학교생활, 계절의 변화, 친구관계 등과 관련된 주제를 설정하는 것이 좋습니다. 초등학생이 공감할 수 있는 주제를 설정해야 책에 관심을 갖게 하기 쉬우니까요.

북큐레이팅을 잘하려면 대상을 잘 파악해야 합니다. 그다음에 목적을 바탕으로 주제를 정합니다. 그 후에 주제와 관련된 도서를 다양한 분야로 확장하고 연결해봅니다. 목적을 가진 프로젝트를 실현한다는 생각으로 주제에 어울리는 책을 선별하고, 선별한 책을 목적에 맞추어 차례대로 남기는 과정으로 진행합니다. 최종적으로 책을 읽고 활용할 대상에 알맞은 도서를 내용과 분량에 맞추어 남김으로써 선별 과정을 마무리합니다.

사람의 마음을 움직이는 북큐레이팅

이렇게 선별된 도서를 어디에 두어야 할지 고민하여 배치할 장소를 정합니다. 아이들이 쉽게 드나드는 길목이나 아이들이 오래 머무르는 공간, 좋아하는 공간에 선별한 책들을 놓아 쉽게 발견할 수 있도록 하는 데 초점을 맞춥니다.

북큐레이션의 일차적인 과제는 선별된 책이 아이들 눈에 잘 띄게 하는 것입니다. 그 다음 과제는 아이들이 책을 펼쳐보게 하는 것입니다. 책에 손을 대고, 책을 펼쳐본다는 것은 마트에서 맛보기 음식을 입으로 가져가는 것과 같지요. 최종적인 선택은 아이들 몫이지만, 책을 잘 배치하는 것은 절대 빼놓을 수 없는 중요한 과정입니다.

수많은 책이 쌓인 책장 앞에서 길을 잃은 아이들을 안내하는 것이 북큐레이터, 즉 부모와 교사의 역할이지요. 책을 읽고 싶어도 어떤 책을 골라야 할지 모르는 막막함을 해소해주는 방법이 바로 큐레이션에 의한 북디스플레이입니다. 치밀한 북큐레이팅과 북디스플레이를 통해 사람의 마음을 움직이는 책의 힘을 밖으로 드러낼 수 있으니까요.

이것은 가정의 서가에 적용해도 같은 효과가 있습니다. 아이들을 위해 거실 한쪽에 가득 쌓은 책은 오히려 책을 고르지 못하게 만들기도 합니다. 너무 많다보니 일종의 선택장애를 유발하는 겁니다. 그래서 책을 단순히 쌓아두지 않고 관심에 맞게, 용도에 맞게 큐레이션해야 하는 것입니다. 좋은 책인데도 눈길을 받지 못하고 묻힌 책을 발견할 수 있기 때문이기도 합니다.

목적에 맞추어 진행하는 큐레이션은 그 범위가 넓지만 각각은 아주 구체적입니다. 공간의 기능과 용도에 맞게 쪼개서 기획할 수 있기 때문입니다. 인간관계도 대중적이냐, 개인적이냐에 따라 나눌 수 있습니다. 같은 사람도 특정한 시기와 목적에 따라 관계가 변화합니다. 북큐레이션 역시 구체적인 목적이나 시기, 대상에 따라 방향이나 내용이 달라질 수 있습니다.

강점을 극대화해야 한다

편안한 상태에서 60초 동안 여러분이 잘할 수 있는 목록을 적어봅시다. 그다음에는 잘하지 못하는 목록을 작성해봅시다. 어떤 목록이 더 긴가요? 대부분의 사람들은 잘하지 못하는 것에 대한 목록이 더 길 것입니다. 심리학자 마틴 셀리그만(Seligman)은 이를 부정성 편향이라고 했습니다. 부정적인 것에 초점을 맞추는 특성이라는 뜻입니다. 그에 따르면 우리는 대부분 부정적인 것에 초점을 맞추는 경향이 있다고 합니다.

우리는 자녀들에 대해서도 잘하는 것보다 못하는 것에 초점을 맞출 때가 많습니다. 하지만 문제에 초점을 맞추지 말고 강점에 집중해야 합니다. 그래야만 자녀 교육을 비롯하여 수많은 삶의 영역에도 도움이 될 테니까요.

타고난 재능을 발견하여 그 재능에 집중하고 노력하면 그 사람만의 강점이 된다고 합니다. 이 말은 타고난 재능이 있더라도 그것을 잘 갈고 닦지 못한다면 강점이 될 수 없다는 뜻이기도 합니다.

강점(strength)이란 개인이 가지고 있는 사고, 감정 및 행동과 관련된 것입니다. 강점을 발휘할 때 자연스럽고, 편안하고, 에너지가 넘칩니다. 우리 아이의 강점 목록을 바탕으로 북큐레이션을 기획하면 독서의 효과도 높아질 것입니다. 멀리 내다보는 북큐레이팅이 거듭된다면, 독서가 내 아이의 삶에 큰 힘이 되어줄 것입니다.

최근 국내 연구진에 의해 확인된 다음의 15가지 아동 강점목록을 참고하면 좋습니다.

15가지 아동 강점목록

- 경쟁 : 친구들과 비교하여 자신이 했던 일이나 능력에 대한 관심이 많으며, 경쟁에서 이기는 것을 중요하게 생각한다.
- 낙관성 : 모든 것을 긍정적으로 생각하며, 밝은 성격으로 즐겁게 생활한다.
- 대인관계 : 친구들과 좋은 관계를 맺기 위한 행동을 하며,

친구들과 잘 어울리는 편으로 사람을 대하고 사귀는 것이 어렵지 않다.

- 리더십 : 어떤 일이 잘 진행될 수 있도록 앞에 나서서 친구들을 이끄는 기술이 있다.
- 미래지향성 : 앞으로 이루어질 미래에 이루고 싶은 꿈이 있으며 이를 준비해 나아간다.
- 배려 : 친구들의 감정을 잘 알아차리며 친구들을 돕고 잘 돌본다.
- 신체활동 : 운동을 잘하는 편으로 신체적 체육활동을 좋아한다. 친구들보다 운동을 쉽게 잘 배운다.
- 예술성 : 미적 재능이 있으며, 음악, 연극 등 다양한 예술활동과 예술작품에 흥미와 관심이 있다.
- 용기 : 자신이 생각한 기준에 따라 어려움이나 두려움으로부터 물러서지 않고 이겨내는 능력이 있다.
- 유머 : 웃기를 좋아하고 친구들을 미소를 짓게 한다. 재미있는 분위기를 함께함으로써 밝은 면을 볼 수 있게 만든다.
- 자기조절력 : 자신의 감정과 행동을 조절하며 하고 싶은 것이 있어도 잘 참는다. 친구나 부모님에게 좋지 않은 말과 행동을 쉽게 하지 않는다.
- 지혜 : 아는 것이 많은 편으로 수업내용을 잘 이해하며,

재능이 많다.

- 진실함 : 모든 일에서 진실한 마음으로 거짓말을 하지 않으며 책임감이 강하다.
- 창의력 : 새로운 아이디어를 가지고 아무도 해보지 않는 것을 해보며 창의적으로 새로운 것을 찾아내는 능력이 있다.
- 학구열 : 배우려는 의지가 강하고 새로운 것을 알기 위해 노력한다. 새로운 것을 배우기를 즐거워한다.

예술성과 창의력이 강한 아이는 새롭고 창의적인 이야기에 매료될 것입니다. 그게 그 아이의 강점이겠죠. 이런 아이는 실용적인 지식을 담은 책보다는 판타지 문학에 더 끌릴 것입니다. 이런 친구들은 역사와 관련한 책을 읽을 때도 역사적인 사실에 끌리지 않을 수 있습니다. 그보다는 역사판타지 소설을 통해 역사적인 사실에 접근하고 싶어할 것입니다.

강점을 활용한 북큐레이션은 내 아이를 파악하는 데서 시작됩니다. 무엇에 관심이 있는지 알기 위해 아이를 관찰하고 대화하다 보면 강점의 싹이 드러납니다.

"책이 싫어요. 재미 없어요."라고 말하는 아이의 말에 귀 기울이며, 그 아이의 생각을 들여다보아야 합니다. 왜 그럴까? 이유는 뭘까? 어떻게 하면 좋을까? 하고 고민하면서 아이에게 알맞은 북큐레이션을 제공해주어야 합니다.

다중지능을 활용한
북큐레이션

1970년대까지 인간의 지능을 IQ로 대표되는 지능지수로만 인식했습니다. 하지만 지능만으로 한 사람의 능력을 평가할 수는 없다는 증거가 다양하게 밝혀졌죠. 학업성취와 관련해서도 논리-수학지능, 시각-공간지능, 음악지능, 신체운동지능, 대인관계지능, 자기성찰지능 및 자연탐구지능 등이 다차원적으로 어우러져서 개인의 능력이 발휘됩니다. 문화와 사회에 따라 다른 지능이 개발되거나 강조될 수도 있습니다.

예를 들어 수렵채집생활을 했던 원시시대에는 신체적인 민첩성과 자연환경에 대한 이해가 숫자 계산보다 중요했겠지요. 반면 중세 유럽의 도제식 교육환경에서는 신체, 공간, 대인관계 능력이 필요했을 것입니다. 또한 현대 정보화 시대에는 언어, 논리수학 지능이 강조되고 있습니다.

미국의 심리학자 하워드 가드너(Howard Earl Gardner)는 다중지능 이론을 제시하였습니다. IQ검사로 알 수 있는 한 가지 지능만 있는 것이 아니라, 8가지 다중지능이 별개로 존재한다고 이야기한 것입니다.

다중지능 이론에 따르면 책을 선택하고 읽는 능력도 모든 사람들이 다를 수 있습니다. 북큐레이션을 위해 살펴본 다중지능의 특징은 다음과 같습니다.

북큐레이션을 위한 다중지능의 특징

• 음악지능 : 음악적 지능이 뛰어난 사람은 소리, 리듬, 진동과 같은 음의 세계에 민감하고, 사람의 목소리와 같은 언어적 형태의 소리뿐만 아니라 비언어적 소리에도 예민하다. 예를 들어, 발소리만으로도 누가 오는지를 알아내는 사람은 음악적 지능이 높다. 또한 음악의 형태를 잘 감지하고, 음악적 유형을 잘 구별할 뿐 아니라 다른 음악 형태로 변형시키기도 한다. 이런 아이는 악기 연주와 작곡하는 것을 좋아한다. 단순히 음악이나 리듬에만 국한되는 것이 아니고 소리의 전체를 다루기 때문에 청각−진동적인 지능이라고도 부른다.

• **신체운동 지능** : 신체운동 지능이 높은 사람은 생각이나 느낌을 글이나 그림보다는 몸 동작으로 표현하는 능력이 뛰어나다. 율동을 쉽게 따라하거나 무용, 연극 등을 잘한다. 또, 손으로 다루는 능력이 뛰어나 손재주가 있다는 말을 많이 듣는다. 자동차 운전은 물론 스케이트나 자전거를 다른 사람보다 쉽게 배운다. 나무를 잘 타고 오르는 능력이 있다. 즉 몸의 균형 감각과 촉각이 다른 사람들에 비해 발달되어 있다.

• **논리수학 지능** : 논리−수학적 지능은 기존 지능의 핵심으로 간주되어왔고, 인지적 능력으로서 유럽 학자들이 가장 중요시한 지능이다. 논리적 문제나 방정식을 풀어 가는 정신적 과정에 관한 능력으로 때에 따라 언어 사용이 요구되지 않는 지능이다. 논리−수학적 지능이 높은 사람은 논리적인 문제들을 보통 사람들보다 훨씬 빠른 속도로 해결하는 능력을 갖추고 있다. 추론을 잘 끌어내고 문제파악이 체계적이고 과학적이다. 숫자에 강하고, 번호를 잘 기억하고, 실험 결과를 중시한다.

• **언어적 지능** : 언어적 지능이 높은 사람은 단어의 소리, 리듬, 의미에 대한 감수성이 있다. 언어의 다른 기능에 대한 민감성 등과 관련된

능력이다. 언어적 지능이 높은 사람은 토론 학습 시간에 두각을 나타내며, 유머나 말 잇기 게임, 낱말 맞추기 등을 잘한다. 다양한 단어를 잘 활용할 수 있어서 말을 잘하는 달변가가 많으며, 똑같은 글을 써도 감동과 웃음을 준다.

• **공간적 지능** : 공간적 지능은 시공간적 세계를 정확하게 인지하는 능력이다. 건축가, 미술가, 발명가 등과 같이 3차원의 세계를 변형시키는 데 능하다. 공간적 지능은 색깔, 선, 모양, 형태, 공간뿐 아니라, 이런 요소들 사이의 관계에 대한 민감성과도 관련이 있다. 신경과학에 의하면 인간 두뇌의 우측반구가 공간적 지능에 관련되어 있으며, 공간적 지능은 시각 능력과 관계가 깊은 것으로 알려졌다.

공간적 지능이 높은 사람은 방향을 잘 찾아내며, 처음 방문한 곳도 잘 찾아간다. 또, 시공간적 아이디어들을 도표, 지도, 그림 등으로 잘 나타내고, 시각적으로 표현하는 디자인, 그림 그리기, 만들기 등을 좋아한다.

• **대인관계 지능** : 대인관계 지능은 다른 사람들과 교류하고, 이해하며, 그들의 행동을 해석하는 능력이다. 다른 사람들의 기분, 감정, 의

향, 동기 등을 인식하고 구분할 수 있는 능력이 있다. 표정, 음성, 몸짓 등으로 사람들의 마음을 잘 파악한다. 대인관계 지능이 높은 사람은 친구들이 많고, 사람을 잘 사귄다. 유능한 정치인이나 지도자, 성직자 등이 많다.

• **자기이해 지능** : 자기이해 지능은 대인관계 지능과 유사한 특성을 지녔다. 특히 자신에 대한 탐구를 통한 자기 이해에 관심이 높다.

자기이해 지능이 높은 사람은 자기 존중감, 자기 향상(self-enhancement), 자기가 처한 문제를 주체적으로 해결하려는 성향이 강하다. 자기이해 기능이 낮은 사람은 자신을 주변 환경과 독립된 존재로 인식하는 데 어려움을 겪을 수 있다.

• **자연탐구 지능** : 자연탐구 지능은 다중지능 이론의 목록에서 가장 최근의 것이다. 자연 현상에 대한 유형을 규정하고 분류하는 능력을 말한다. 원시 사회에서는 어떤 식물이나 동물이 먹을 수 있는지를 자연탐구 지능에 의존하여 알아냈다. 자연탐구 지능이 높은 사람은 자연 친화적이고, 동물이나 식물 채집을 좋아한다. 이를 구별하고 분류하는 능력도 높다. 산에 가더라도 나뭇잎의 모양이나 크기, 지형 등에 관심

이 많고, 이들을 종류대로 잘 분류하기도 한다.

6장

창의적인
북카테고리

나를 위한
북큐레이션

일 년에 책 한 권 안 읽는 사람들이 많다고 하지만 본인이 원하는 분야의 책이라면 충분히 읽을 수도 있겠죠. "베스트셀러라니까 읽어보려 했더니 이건 나에게 좀 안 맞네. 나는 독서와 거리가 먼 사람이야."라고 말하는 사람이 있었습니다. 베스트셀러혹은 유명인이 추천하는 책 등을 꼭 읽어야 할까요? 상식을 높이기 위해서 필요한 독서도 있겠죠. 요즘 사람들의 관심이 무엇인지 알기 위해 베스트셀러를 눈여겨보며 읽는 사람도 있습니다. 하지만 누구나 똑같은 책을 읽을 필요는 없습니다.

타인의 기준에 맞추어 독서를 하게 된다면 책읽기는 당연히부담스러운 일이 됩니다. 꼼꼼히 정독할 필요도 없으며, 남들이정해놓은 기준에 따라 독서할 필요도 없습니다. 각자 자신에게 맞는 북큐레이션이 필요합니다. 나 스스로가 북큐레이터가 되어서 책을 선별하고, 책을 골라 읽는 것입니다.

저는 최근에 건강에 관심이 많아졌습니다. 그래서 로푸드와 저탄수화물 식이요법에 대한 주제를 눈여겨보고 있습니다. 미니멀 라이프와 몸과 마음의 균형도 관심 있는 주제입니다. 이러한 내용에 관련된 책을 찾아보고 목록을 구성합니다. 서점이나 도서관에서 책을 검색해보기도 합니다.

최근에 제가 로푸드 및 건강하게 균형 잡힌 삶과 관련해서 찾아본 도서 목록입니다.

_ 박정아 『여자라면 로푸드』 버튼북스, 2016.

_ 전주리 『로푸드 레시피』 중앙북스, 2013.

_ 김윤선 『디톡스, 내 몸을 살린다』 모아북스, 2010.

_ 누마하타 나오키, 시모죠 미오 글, 하치 그림, 김수정 옮김
『미니멀 밥상』 즐거운상상, 2018.

_ 리스컴 편집부 지음 『나물로 차리는 건강밥상』
리스컴, 2018.

_ 다카하시 사치에 지음, 정미애 옮김
『백 살에는 되려나 균형 잡힌 마음』 바다출판사, 2018.

_ 유준재 『균형』 문학동네, 2016.

자신만의 북큐레이션이 필요한 이유는 여러 가지겠지만, 궁극적으로는 내가 살아가는 길을 나 스스로 찾기 위해서라고 생각합니다. 직업, 심리, 인간관계에 관련한 도움을 책 속에서 받을 수 있으니까요.

자기만의 길을 찾는 일은 한 권의 책으로는 불가능합니다. 수많은 책을 읽어나가면서 헤매는 과정이 필요하지요. 자신의 관심사에서 시작하는 북큐레이션으로 자신을 알아갈 수 있습니다. 책을 읽는 목적은 결국 '나 자신을 위한 것'입니다. 인생의 문제에 부딪힐 때나, 무언가를 얻고자 할 때, 우리는 책을 읽게 됩니다. 그렇다고 해서 목적지향적 독서만 있는 것은 아닙니다. 책은 우리의 일상에 가볍게 함께할 수도 있습니다. 언제 어디서나 말이지요.

- 여행지에 가서 쉽고 편하게 읽고 싶은 짤막한 에세이를 선택하는 것
- 세 살 아이가 편식을 심하게 하는 고민을 해결해주는 책을 읽는 것
- 방송에 소개된 여행지에 대한 호기심으로 책을 읽는 것
- 사람들과의 관계가 힘들어 인간관계에 대한 책을 읽는 것
- 자세가 안 좋아 요가를 시작한 사람들이 입문서로 읽으면

좋은 책

- 걷기 여행을 시작한 사람들이 읽으면 좋은 국내 걷기 여행책
- 재즈를 듣기 시작한 사람들이 읽으면 좋은 재즈 입문서
- 적은 자본으로 재테크를 하고 싶은 사람들에게 추천하는 소액 재테크 책
- 커피 한 잔 마시면서 쉽게 읽을 수 있는, 사진이나 그림이 많은 책

커피 책
큐레이션

며칠 전 S시에서 하는 커피축제에 갔습니다. 다양한 커피 업체가 커피를 홍보하고, 카페들이 커피 시음행사를 하며 판매하는 축제였어요. 커피 원두 이외에 드립퍼, 커피포트, 원두보관용기, 더치커피기구, 원두그라인더, 컵홀더, 도자기 등 커피와 관련한 상품을 진열하고 판매했습니다.

축제장을 둘러보는데 '커피를 읽다'라는 이름으로 만든 작은 책방 코너가 눈길을 끌었습니다. 나만의 커피를 즐기는 방법, 커피의 역사, 라떼아트나 핸드드립커피에 대한 책, 커피 머신에 대해 소개하는 책, 커피를 매개로 한 에세이, 커피와 건강에 대한 책…. 수많은 커피 관련 책들이 진열되어 있었지요. 커피와 책은 너무도 잘 어울리는 상품이기에, 많은 사람들의 호기심을 끌고 있었습니다.

일본 만화가 마스다 미리의 『차의 시간』(이봄, 2017)을 재미있게 읽은 적이 있습니다. 카페에서 작품의 영감을 얻고 다양한 차와 디저트류를 소개한 재미있는 만화책입니다.

최근에는 커피뿐만 아니라 홍차, 녹차, 꽃차 등을 다루는 티소믈리에라는 직업까지 생겨났습니다. 차의 역사, 차가 생산되는 과정, 차 마시는 방법, 차를 고르는 법, 차에 얽힌 과학, 카페인과 차 등을 주제로 한 책도 있지요. 수제맥주를 만들어 먹는 사람들이 생겨나면서 맥주 소믈리에와 같은 전문가도 생겨났습니다. 덩달아 맥주의 역사, 종류, 나라별 맥주, 양조장 이야기, 브루어리, 맥주축제 등을 다룬 책도 많아졌습니다.

커피는 말할 것도 없습니다. 8세기경 에티오피아에서 처음 커피가 등장한 이후, 커피의 역사도 상당히 복잡하고 풍부해졌습니다. 커피의 생산과정, 카페인, 로스팅 방법, 커피를 소재로 한 문학작품, 커피추출법, 로스터리카페, 커피품종, 커피와 예술 등 다양한 북큐레이션이 가능합니다.

커피로 큐레이션을 한다면 다음과 같은 책 목록을 살펴볼 수 있습니다. 커피와 관련된 책으로 기획하는 큐레이션의 주제도 다양하게 생각해볼 수 있습니다. 과학에서의 커피, 미니멀라이프에서의 커피, 유기농과 생태적인 삶에서의 커피, 경제와 무역에서의 커피, 여행지에서의 커피 등 다른 대주제에서 커피를 소주제로 담아낼 수 있겠죠. 커피라는 하나의 주제만으로도 무궁무진한 큐레이션이 가능합니다.

커피를 주제로 한 다양한 북큐레이션 사례

• **커피 레시피**

  _ munge(박상희)『'커피홀릭's 노트』예담, 2008.

  _ J. N. 위트겐스 지음, 최익창 옮김
  『커피생두』커피리브레, 2015.

  _ 임진규『커피의 성분과 화학』한국학술정보, 2018.

  _ 아네트 몰배르 지음, 최가영 옮김
  『커피중독』시그마북스, 2015.

  _ 전광수『기초 커피 바리스타』형설출판사, 2008.

  _ 김동희『핸드드립 커피이야기』밥북, 2015.

  _ 박지만, 김자경『커피 라떼아트 테크닉』예신, 2019.

  _ 스콧 라오 지음, 최익창 옮김
  『커피로스팅』커피리브레, 2016.

• **커피와 역사**

_ 윤오순 『커피와 인류의 요람, 에티오피아의 초대』,
  눌민, 2016.

_ 임수진 『커피밭 사람들』 그린비, 2011.

_ 강준만, 오두진 『고종 스타벅스에 가다』
  인물과사상사, 2009.

_ 강인규 『나는 스타벅스에서 불온한 상상을 한다』
  인물과사상사, 2008.

• **커피와 어울리는 디저트**

_ 모리사키 마유카 지음, 권효정 옮김
  『손쉬운 일본 단팥 디저트』 유나, 2018.

_ 서은혜 지음 『소문난 디저트 가게』 성안북스, 2018.

_ 강수진, 황지선 『오사카에 디저트 먹으러 갑니다』
  홍익출판사, 2017.

_ 다구치 후미코, 다구치 마모루 지음, 용동희 옮김
  『커피 & 디저트』 그린쿡, 2016.

_ 오모리 유키코 지음, 강소정 옮김
  『프랑스 디저트 수업』 성안북스, 2018.

_ 김종철 지음 『잘 팔리는 빵 & 디저트 실전 레시피 56』
  크라운출판사, 2017.

• 커피와 장소

_ 다구치 후미코, 다구치 마모루 지음, 용동희 옮김

『커피 & 디저트』그린쿡, 2016.

_ 스타일북스 편집부 엮음

『커피 앳 카페』스타일북스, 2012.

_ 아베 고헤이 외 3인 지음, 박수현 옮김

『도쿄 카페 standard』하루, 2016.

• 커피로 성공한 사람들

_ 레슬리 여키스, 찰스 데커 지음, 임희근 옮김

『잭 아저씨네 작은 커피집』김영사, 2003.

_ 이담『바람커피로드』지와수, 2017.

_ 문창기『커피드림』한국경제신문, 2017.

_ 심재범『동경커피』디자인이음, 2017.

_ 다카이 나오유키 지음, 나지윤 옮김

『시골카페에서 경영을 찾다』길벗, 2018.

_ 주홍식『스타벅스, 공간을 팝니다』

알에이치코리아, 2017.

_ 조성민『나는 스타벅스보다 작은 카페가 좋다』

라온북, 2015.

- **커피에 관련한 만화책**

  _ 허영만, 이호준『커피 한 잔 할까요?』예담, 2015.

  _ 김재현『커피를 위한 넓고 얕은 지식』봄봄스쿨, 2015.

- **커피와 문학, 예술**

  _ 용혜원『우리 만나서 커피 한 잔 합시다』

  나무생각, 2018.

  _ 윤보영『커피도 가끔은 사랑이 된다』

  해드림출판사, 2014.

  _ 고영종『커피 한 사발』북크크, 2018.

  _ 최우성『알고보면 재미있는 커피인문학』

  퀀텀북스, 2017.

  _ 카롤린 필립스 글, 허구 그림, 전은경 옮김

  『커피우유와 소보로빵』푸른숲주니어, 2006.

  _ 김수영 글, 조혜승 그림『꿈을 요리하는 마법카페』

  위즈덤하우스, 2017.

  _ 김용규『철학카페에서 문학읽기』

  웅진지식하우스, 2006.

  _ 정선욱『나의 달콤한 디저트 수채화』성안북스, 2018.

  _ 김창수『낯선 도시의 커피향』조율, 2011.

_ 우진아 『커피 한 잔과 음악노트』 부크크, 2017.

_ 소피 킨셀라 지음, 이혜인 옮김
『스타벅스에 간 소녀』 라임, 2017.

_ 마이클 게이츠 길 지음, 이수정 옮김
『땡큐! 스타벅스』 세종서적, 2009.

• **커피와 과학**

_ 래니 킹스턴 지음, 신소희 옮김 『완벽한 커피 한 잔』
벤치워머스, 2017.

_ 다나카 가쓰유키 외 5인 지음, 우치누마 신타로 엮음,
방영옥 옮김 『커피 장인』 컴인, 2018.

• **커피와 여행**

_ 강수진, 황지선 『교토에 디저트 먹으러 갑니다』
홍익출판사, 2018.

_ 류동규 『여행, 커피에 빠지다』 상상출판, 2014.

_ 박종만 『닥터만의 커피로드』 문학동네, 2011.

_ 이윤선 글, 테라로사 그림 『테라로사 커피로드』
북하우스엔, 2011.

_ 양선희 글, 원종경 사진 『커피비경』

알에이치코리아, 2014.

_ 김현두『사람을 여행합니다』양문, 2014.

_ 이승민『나의 콜롬비아 커피농장 여행기』
창조와지식, 2016.

_ 심재범『스페셜티 커피 인 서울』BR미디어, 2014.

_ 최재영『세계 커피 기행 1』북스타, 2013.

_ 파주 슈보보 지음, 한정은 옮김
『바람카페, 나는 티벳에서 커피를 판다』푸르메, 2011.

_ 맹지나『이탈리아 카페 여행』넥서스BOOKS, 2016.

어른을 위한
그림책테라피

레오 리오니가 지은 그림책『프레드릭』의 주인공 '프레드릭'은 햇살과 색깔과 이야기를 모읍니다. 다들 겨울을 준비하며 옥수수와 밀과 짚을 모으는데 프레드릭은 엉뚱한 것, 밥벌이가 되지 않는 것들을 모으지요. 그런 프레드릭을 보며 제 모습이 떠올랐습니다. 좋아하는 일을 하면서 사람들을 만나고, 보이지 않는 미래의 가치를 이야기하는 책을 모으는 북큐레이터로서의 나를 생각해보니, 프레드릭의 이야기가 낯설지 않답니다.

그림책은 남녀노소를 불문하고 0세부터 100세까지 읽을 수 있는 책입니다. 짧은 이야기 속에서 느낄 수 있는 감동은 연령을 가리지 않지요. 그래서일까요, 그림책은 이제 테라피의 영역으로도 확대되고 있습니다. 위로가 필요한 시대에 그림책은 독서력이 깊지 않은 사람들도 쉽게 책의 세계로 빠져들게 합니다.

'어른을 위한 그림책테라피'라는 북큐레이션을 한번 해보면 어떨까요?

『어른을 위한 그림책테라피』(김소영 지음, 피그말리온, 2018) 『이 나이에 그림책이라니』(정해심 지음, 이비락, 2018) 『그림책테라피가 뭐길래』(오카다 다쓰노부 지음, 김보나 옮김, 나는별, 2018) 등과 같이, 그림책테라피를 쉽고 재미있게 풀어낸 책도 많습니다. 육아로 힘든 엄마들에게 위로를 주고, 자신의 마음을 살펴볼 수 있게 하는 책들입니다.

모든 사람들은 크고 작은 상처를 받습니다. 자신의 내면을 들여다보는 것을 두려워합니다. 자기 자신을 바로 보기 위해서는 '거울'이 필요합니다. 거울의 역할을 해주는 것이 그림책이지요. 한 권의 그림책을 읽고, 관련된 질문을 통해 서로 공감대를 형성하면서 이야기를 나누는 시간. 정신과 상담치료를 받지 않아도 충분히 따스한 온기를 느낄 수 있습니다.

그림책테라피의 기법에는 정해진 절차나 형식이 없습니다. 다양한 주제의 질문을 던지면서 혼자서, 또는 그룹으로 진행하면 됩니다. 질문을 이끌어내는 토론뿐만 아니라 바느질이나 창작 등의 예술활동으로 테라피 영역을 확장할 수도 있습니다.

"…각자가 느낀 것이나 그림책을 계기로 한 대화에서 나온 이야기는 그 사람의 내면을 반영하고 있다는 것, 그래서 책을 통해 자신의 모습을 볼 수 있다는 것이었습니다. 심리학에서 말하는 '셀프이미지(Self Image)'를 보는 시간이기도 한 거죠. (중략) 자신의 모습을 인식하고 무의식을 의식화하는 것, 자신의 내면과 마주하는 것이 그림책 테라피의 첫걸음입니다." [10]

그림책 테라피는 자신의 인생을 돌아보는 셀프 수련입니다. 내 인생을 돌아보게 해주는 단 하나의 질문만으로도 삶이 크게 달라질 수 있습니다.

- 가장 마음에 닿는 그림책 속 한 장면은?
- 그림책 스토리를 통해서 알게 된 나의 어린 시절은?
- 지금껏 나는 타인에게 어떤 평가를 받아왔나?
- 내가 생각하는 행복의 요소는?
- 과거의 꿈과 현재의 꿈은?
- 내가 듣고 싶은 말은?

이러한 질문을 통해 책을 자신의 것으로 체화하며 더 깊은 차원의 자신을 만나는 과정이 바로 그림책테라피입니다. 그림책

---

10) 오카다 다쓰노부 지음, 김보나 옮김 『그림책테라피가 뭐길래』 나는별, 2018, p51.

테라피를 위해 다양한 카테고리를 생성하여 큐레이팅할 수 있습니다.

　다음은 어른의 마음을 치유하고 다독일 수 있는 '나의 마음을 토닥이는 그림책'을 선별하여 큐레이션한 사례입니다. 그림책 목록은 자유롭게 추가할 수 있습니다.

어른을 위한 그림책테라피 북큐레이션 사례

나를 토닥이는 시간(위로와 치유)

- **행복은 바로 이곳에**
  _ 장 지오노 글, 프레테릭 백 그림, 햇살과나무꾼 옮김
  『나무를 심은 사람』두레아이들, 2002.
  _ 모니카 페트 글, 안토니 보라틴스키 그림, 김경연 옮김
  『행복한 청소부』풀빛, 2000.
  _ 신시아 라일런트 글, 니키 매클루어 그림, 조경선 옮김
  『날마다 멋진 하루』초록개구리, 2012.
  _ 김예인 『작은 당나귀』느림보, 2010.
  _ 트리나 폴러스 지음, 김석희 옮김

『꽃들에게 희망을』시공주니어, 2017.

_ 마고 제마크 지음, 이미영 옮김

『우리 집은 너무 좁아』비룡소, 2006.

• **마음을 위로하는 시간**

_ 존 버닝햄 지음, 이주령 옮김『알도』시공주니어, 2017.

_ 숀 탠 지음, 김경연 옮김『빨간 나무』풀빛, 2002.

_ 피터 H. 레이놀즈 지음, 조세현 옮김

『나 하나로는 부족해』비룡소, 2007.

_ 서현『눈물바다』사계절, 2009.

_ 유타 바우어 지음, 이현정 옮김

『고함쟁이 엄마』비룡소, 2005.

_ 낸시 칼슨 지음, 신형건 옮김

『난 내가 좋아!』보물창고, 2007.

_ 메리 바 지음, 데이비드 커닝엄 그림, 신상호 옮김

『내 마음은 보물상자』동산사, 2010.

_ 샤를로트 문드리크 지음, 올리비에 탈레크 그림, 이경혜 옮김

『무릎딱지』한울림어린이, 2010.

_ 유설화『슈퍼 거북』책읽는곰, 2014.

• **어린 시절의 기억**

_ 백희나 『알사탕』 책읽는곰, 2017.

_ 사라 스튜어트 글, 데이비드 스몰 그림, 이복희 옮김

『리디아의 정원』시공주니어, 2017.

_ 최숙희 『너는 어떤 씨앗이니?』 책읽는곰, 2013.

_ 권정생 글, 정승각 그림 『강아지똥』 길벗어린이, 1996.

_ 앤서니 브라운 지음, 허은미 옮김 『돼지책』

웅진주니어, 2001.

_ 이혜란 『우리 가족입니다』 보림, 2005.

_ 마이클 로젠 글, 퀸틴 블레이크 그림, 김기택 옮김

『내가 가장 슬플 때』 비룡소, 2004.

• **새로운 시작을 위하여**

_ 다비드 칼리 글, 세르주 블로크 그림, 안수연 옮김

『나는 기다립니다…』 문학동네어린이, 2007.

_ 유리 슐레비츠 지음, 강무환 옮김

『새벽』시공주니어, 1994.

_ 에드 영 지음, 최순희 옮김 『일곱 마리 눈먼 생쥐』

시공주니어, 1999.

_ 에이미 크루즈 로젠탈 글, 제인 다이어 그림, 김지선 옮김

『쿠키 한 입의 인생수업』 책읽는곰, 2008.

_ 맥 바넷 글, 존 클라센 그림, 홍연미 옮김
『애너벨과 신기한 털실』 길벗어린이, 2013.

_ 레오 리오니 지음, 최순희 옮김『프레드릭』
시공주니어, 2013.

_ 다이앤 딜론, 레오 딜론 지음, 강무홍 옮김
『무슨 일이든 다 때가 있다』 논장, 2004.

아이들을 위한
북큐레이션 수업 사례

1. 초등학교 북큐레이션 수업 사례(북큐레이터 박양순)

수업 차시 : 4차시

대상 : 초등 2~4학년

주제 : 곤충도 우리와 친구가 될 수 있다.

〈수업 포인트〉

1. 곤충이 나오는 책을 찾아 특성을 안다.

2. 관련 책과 이야기 속 곤충의 다른 점과 같은 점을 안다.

3. 환경과 곤충의 생태 관계를 안다.

4. 곤충 – 환경 – 직업으로 큐레이션 한다.

〈큐레이션 진행한 책〉

① 이솝 원작, 이혜옥 글, 고희정 그림

　『개미와 베짱이의 겨울나기』북큐레이터, 2016.

② 이상권 글, 김병하 그림『개미가 고맙다고 했어』

　웅진주니어, 2011.

③ 박영란 글, 배정희 그림『거미 학교』도서출판 아진, 2015.

④ 이광웅 글, 송회석 그림『Why? 곤충』예림당, 2019.

⑤ 김수희 글, 이경국 그림『죽음의 먼지가 내려와요』

　미래아이, 2015.

⑥ 김단비 글, 홍원표 그림『우리 마을 환경미화원은 맨날 심심해』

　웃는돌고래, 2013.

〈활동 내용〉

1. '개미와 베짱이의 겨울나기'책을 읽고 관련 책을 찾고 선별한다.

2. 책선별 후 개인 선호 책으로 정제한 다음 글쓰기 한다.

3. 생각 넓히기

  – 곤충이 살 수 있는 환경을 알고 관련 책을 읽는다.

  – 관련 기사를 신문에서 찾아 스크랩한다.

  – 활동 : 일회용 마스크 사용을 자제하고 세탁이 가능한 마스크
를 만든다.

– 더 깊이 읽기

환경 관련 책

2. 도서관 북큐레이션 수업 사례(북큐레이터 문은경)

〈2월 주제〉 올해의 주인공은 누구?

〈운영 목적〉

주말을 이용하여 어린이자료실을 이용하는 가족단위 이용객을 위하여 올바른 독서습관 형성과 즐거운 책읽기를 목적으로 한 아동대상 그림책 큐레이션

〈활동 과정〉

1. 도서관에서 꾸준히 독서봉사 및 동아리 활동을 하시는 '세솔꿈지'선생님들이 매달 주제를 정하고 선택된 도서를 전시하고 기획하여 그림책 큐레이션을 진행한다.

2. 2019년 기해년 주인공인 '돼지'를 상징으로 놓고 '나와 성장, 생태와 환경, 꿈과 모험, 도전' 등 다양한 카테고리로 연결하여 주제와 관련하여 확장된 도서로 이용자의 관심과 흥미를 가지고 참여할 수 있도록 돕는다.

3. 도서관 한쪽에 서가를 이용하여 책장을 만들고 창의적 배열과 진열로 전시하여 이용자의 관심과 호기심을 유발하게 하며 새로운 책의 발견뿐 아니라 도서이용률을 높이게 한다.

〈활동 사진〉

〈평가〉

일반서가와 달리 주제별로 북큐레이션 된 서가에 대해 이용자의 관심을 충분히 이끌어 냈다. 특히 책 속의 캐릭터를 끄집어내어 소품으로 진열하고 안내하니 호기심과 관심뿐 아니라 아이들에게 친숙한 이미지로 전달되어 책뿐만 아니라 책장의 전시에도 관심을 나타냈다. 진열된 도서는 1~2일 만에 모두 대출로 이어졌으며 아이들이 이용하는 서가라 전시된 것이 혹시나 파손되지 않을까 하는 염려가 있었으나, 염려와는 다르게 잘 보존되고 있었다.

기존의 분류법으로 전시하던 서가에 일부의 서가를 이용한 북큐레이션의 모델은 이용자나 기획자(동아리) 모두 만족하였으나 서가를 담당하는 도서관 관계자들에게는 큐레이션 서가의 관리가 조금은 번거로워 보였다(기존 분류번호와 대출과 반납시 큐레이션 된 도서의 분류기호 추가와 그후 관리, 전시된 도서의 상태보존을 위한 관리 등 업무 이외의 것을 추가하는 부담감이 있음을 느꼈다. 이와 같은 문제점을 해결하기 위해 각 도서관에 시민 북큐레이터의 양성과 참여가 이루어진다면 독자가 좀 더 적극적으로 활발하게 책을 접할 수 있지 않을까 생각한다).

3. 작은 도서관 북큐레이션 수업 사례

〈오늘의 미션〉

책 속의 특별함을 찾아라!

〈대상〉 초등중학년

〈활동 내용 I〉

1. 스타트 도서인 『아빠와 빵을 만들어요』를 읽고

2. 오늘의 미션과 관련하여 소재나 내용뿐 아니라 색깔, 디자인, 캐릭터, 그림 등 내가 느끼는 특별함을 찾아라!

3. 서가로 가서 각자가 느끼는 특별함과 관련된 도서 찾기

4. 책 제목만 보고 골라오기, 내용 보고 골라오기, 표지 보고 첫 느낌으로 골라오기(각자가 느끼는 대로 도서를 선택하여 자유롭게 골라오기)

5. 골라온 책을 살피고 내가 느낀 특별한 점 찾아보기

〈활동 내용Ⅱ〉

1. 또 다른 특별함을 가진 친구 『꾸다 드디어 알을 낳다』를 읽고

2. 더 알고 싶고, 찾고 싶고, 추천하고 싶은 책이 있을까?

3. 서가로 가서 각자가 궁금해하고 원하는 책을 찾아오기

4. 새롭게 알게 된 것들에 대해 말해보기

5. 활동I 과 활동II에서 찾아온 책 전시와 감상하기

〈활동사진〉

〈평가〉

교사가 제시하는 책 혹은 주제 이외에 북큐레이션을 적용한 독서활
동 수업은 직접 찾아내고 알아가는 과정에서 아이들의 능동적 참여

가 일어났다. 스스로 책을 읽고 찾으려고 애쓰며 다양한 방법으로 책을 찾아내는 과정에서 표지나 느낌만으로 선택된 책에서 비슷한 점을 찾아내거나 또 다른 발견을 하는 것들에 흥미로워했으며 책과 함께 스스로 찾아가는 즐거움을 알게 하였다.

7장

북큐레이션이
필요한 공간

우리집
개인서가

북큐레이션은 목적을 가지고 기획되어야 하고 그 목적이 필요한 대상은 사람(독자)과 공간이 됩니다. 앞서 3장에서 독자(사람)를 대상으로 독서의 필요성을 살펴보고, 목적을 가진 프로젝트로써 북큐레이션을 살펴보았습니다.

목적을 가진 프로젝트 중에서도 가장 기본이 되는 것이 독서 습관이고, 습관형성이 유리한 단계에 초점을 두자는 것은 제 강의의 핵심이기도 합니다. 그런 의미에서 북큐레이터의 역할을 언급할 때 서점 운영자, 도서관 사서 외에도 독서지도 방문교사와 학부모까지 북큐레이터의 범위 안에 넣었고요.

북큐레이션의 목적을 공간의 기능과 역할에 두었을 때, 북큐레이션이 거론되는 경로를 따르자면 서점, 도서관, 개인의 서가

순으로 언급되어야 할 것입니다. 그러나 여기서는 독자층 형성에 비중을 두는 입장에서 개인서가를 먼저 다루고자 합니다.

사회를 이루는 기본 단위가 가정이듯이 독자층 형성을 위한 출발지도 가정이라고 생각합니다. 자녀를 양육하는 부모의 생각과 태도, 독서지도를 하는 교사의 의식이 독자층을 만드는 기본이 됩니다. 그래서 집집마다 있는 서가 활용 방안을 함께 생각해보고자 합니다.

어느 집을 방문하여 '우리 집 서가'의 구성을 보면 그 집 가족의 분위기를 짐작할 수 있습니다. 어떤 직업을 가졌는지, 어떤 취미가 있는지, 아이들 교육에 대해 어떻게 생각하는지 등이 어렵지 않게 짐작되곤 합니다. 저만 그런 게 아니라 책에 관심이 있는 사람이라면 누구나 느낄 수 있지요.

책장을 가득 메운 책들을 보면 어찌 그리 탐이 나는지요. 좋은 책은 빌려가서 돌려주고 싶지 않은 꿍꿍이를 억누르기 힘들어지기까지 합니다만, 잘 참고 눈으로만 봅니다.

우리집 서가의 책들이 사망한 날짜는 언제일까

그런데 저에게 가장 답답한 책장이 있습니다. 각이 딱딱 들어맞는 책이 표지 색깔별로 가지런히 꽂혀 있는 경우입니다. 모서리도 닳아있지 않고, 번호가 흐트러지지도 않는 책들을 보는 순간 제 마음대로 상상을 합니다. 이 책들이 사망한 날짜가 언제일까 하고 말이지요.

사실 그 책을 사망하게 한 범인은 알고 있으니까 누가 그랬을까는 중요하지도, 궁금하지도 않습니다. 하지만 책들이 죽어나갈 때는 혼자서 얌전히 죽지는 않아요. 모르긴 해도 책이 죽어가던 그때, 그 집 아이들의 책읽기도 함께 끝이 났을 겁니다.

저도 자녀 교육에 욕심 많은 엄마였어요. 엄마 역할이 처음인지라 아이가 자라는 순간순간 다가오는 낯선 일들을 잘 처리하기 위해 '남의 말 듣기'를 선택해야 했지요. 경험자의 말을 참고하기 위해 들었는데, 어느 순간부터 참고가 아니라 전적으로 적용하는 오류를 범하기 시작했죠. 그러니 아이는 아이대로, 저는 저대로 지치고 상처받았어요. 부모님이 자녀를 위해 책장을 만들어주는 열정도 이와 다르지 않을 거예요.

다른 집의 경우도 우리 집, 우리 아이도 비슷할 거라고 생각하지만 사실은 다를 수밖에 없지요. 이제는 북큐레이션을 알아가는 시대라고 해야 할까요? 서점에서 마케팅 전략이 되는 북큐레이션, 도서관에서 책을 읽을 독자들을 발굴해내는 북큐레이션을 개인서가마다 적용해보면 어떨까요? 그 집 식구 중에서 누군가는 확실한 독자가 되지 않을까요?

우리 집 개인서가의 북큐레이션은 독자가 한두 명에 불과합니다. 책장에 숨을 쉬지 않고 꽂혀 있는 책들을 가족 누군가에게 맞춤하는 큐레이팅으로 진정한 의미의 책이 되도록 하여야 합니다.

특히 독서습관이 필요한 아이들을 위해서 도서를 재배열해야 합니다. 앞서 살펴본 여러 설정이나 방법으로 말이지요. 먼저 빼곡한 책장을 서너 칸 비워놓고, 테마를 정해 찾아낸 책들을 디스플레이해 보세요. 일주일에 한 번 정도 아이가 읽을 책을 찾아낸다는 기준을 두면 좋겠지요. 그런 다음 표지가 잘 보이도록 전면으로 배치한 책장(서가의 한 칸 단위)에는 책을 읽을 아이 이름도 적어서 붙여둡니다. 다 읽은 책을 꽂아 둘 책장도 아이별로 비워놓고요.

이런 식으로 책을 읽어나가도록 우리 아이에 맞추어 책들을 재배열하면, 아이만의 개성 있는 책장이 만들어지게 됩니다. 아이의 입장에서 책을 배열한 걸 읽다보니 부담도 없고, 재미를 느끼기도 한결 쉽지요. 저절로 독서하고 싶은 생각이 들겠고요. 아이는 본능적으로 호기심을 가지고 태어난다고 했으니.

이제 우리 집 아이들을 위한 서가는 뚜렷한 목적과 그 목적을 실현하는 과정에 따라 만들어가야 합니다. 책을 좋아하게 하는 첫 단계에서 습관을 만들어주고 그 이후 더 깊이 있는 독서로 나아갈 수 있게.

맥락이 있는 큐레이션

아이들은 확실히 책을 덜어내어 진열을 달리한 서가에 눈이 가나 봅니다. 학교 도서관에서도, 어린이 도서실에서도 같은 결과가 일어났고, 개인서가를 북디스플레이했을 때도 마찬가지 반응을 보였다는 사례를 강의 진행 과정에서 많이 들으니까요. 책을 멀리하는 아이들의 속사정은 알고 보면 그리 복잡하지 않답니다. 어른이 그 입장을 미처 헤아리지 못해서 그런 거예요. 아이들은 어른에게 자기의 혼란스러움을 말로 잘 표현할 능력이 없으니 그저 몸으로 거절했을 뿐이지요.

엄마가 큐레이터가 되어 내 아이의 관심사부터 책장편집을 해보아야 합니다. 큐레이션을 하다보면 뭔가 연결하는 재미까지 생겨납니다. 이것이 바로 맥락을 지닌 독서입니다. 맥락 없이 무조건 많이 읽으면 오히려 독서의 효과가 떨어집니다.

초등 저학년 아이라고 할지라도 큐레이션을 이해하고 적용하면 빠른 효과를 볼 수 있습니다. 같은 주제라도 난이도가 다르기 때문에 어려운 책도 쉽게 읽어낼 독서력이 생깁니다. 출판사나 저자도 눈여겨봐야 하겠지만 우선 아이의 관심사에 따라 다양한 책을 연결하는 방법을 제안합니다.

북큐레이션의 개념으로 만들어가는 우리 아이 서가는 단순하면서도 큰 효과를 가져다줄 수 있습니다. 어른에게도 마찬가지고요. 서가는 책을 쌓아놓는 곳이 아니라 읽을 책과 읽지 않는 책으로 구분해 놓는 곳이 되도록 해야 합니다. 독서할 마음이 생기도록 서가의 위치를 바꾸어 분위기를 만들라고 하는 책읽기 고수의 조언도 들어볼 만합니다. 서가에 쌓인 책들은 누구를 위한 것인지, 그게 과연 그 사람에게 만족감을 주는지 생각해봐야겠지요.

서가 깊숙이 오랫동안 꽂혀있어 화석이 되다시피 한 책들도 북큐레이션으로 깨워내는 겁니다. 그 책들이 주인공이 되고, 활용될 수 있는 주제들을 찾아서 말입니다. 사실 우리 집 서가에 꽂아둔 책은 기본적으로 아주 잘 선택한 책들일 겁니다. 무엇보다 가족을 생각하는 마음이 담겨있으니까요. 그런 책들을 가족이 소통하는 목적으로 큐레이팅을 한다면 책의 가치는 더 커지겠지요.

책이 더 이상 쓰레기가 되지 않도록 하는 길, 책의 생태계를 살리는 길은 우리 집 서가에서 출발하도록 해주세요.

우리 아이 관심으로 서가 만들기

축구에 관심이 있는 초등 2학년 남자아이라면 과연 어떤 책을 골라주어야 할까요? 당연히 축구에 관한 책이겠죠. 축구에 대한 책은 생각보다 정말 많습니다.

- 축구 전술에 대한 책
- 축구 잘하는 법에 대한 책
- 축구 용어 사전
- 축구 이야기를 담은 동화나 그림책
- 축구와 경제를 섞어 놓은 책
- 축구의 기록과 역사에 대한 책
- 축구에 대한 철학책
- 축구직업설명서
- 축구와 과학 이야기
- 우리나라 축구의 역사
- 유럽 축구 가이드북
- 축구 만화책
- 축구황제 펠레, 베컴, 메시 등 축구 스타 이야기
- 축구 여행기

축구를 좋아하는 아이라면 축구를 주제로 한 독서를 시작해 봐도 좋겠죠! 다른 책은 안 보고 축구 이야기만 밤낮으로 읽는다고 해도 그것으로 족합니다. 하나의 세계에 푹 빠져들어 봐야 다른 영역으로 옮겨갈 수 있기 때문입니다.

집에 축구에 대한 책이 있다면 전집이든 단행본이든 골라보세요. 그리고 서점이나 도서관에서 아이가 읽을 만한 축구에 대한 책을 찾아봅니다. 아이의 책장도 '축구'만으로 꾸며볼 수 있습니다. 거실 한쪽을 축구 코너로 만들어보면 어떨까요? 다양한 책과 사진, 축구용품 등으로 아이가 정말 좋아하는 축구 책 큐레이션을 해보는 거예요.

서점들

철학을 가지고

요즈음 책방이 곳곳에 생겨나고 있습니다. 홍대여신이라고 불렸던 인디가수 요조는 2017년에 제주도에 내려가서 책방을 냈습니다. 주관적인 취향이 반영된 책을 주로 판다고 합니다. 제주 성산읍에 위치한 '책방무사'는 관광객뿐 아니라 책을 좋아하는 독자들에게 인기를 얻고 있는 장소로 500~600여 권의 책만 진열해 놓고 팝니다. 삼성 임원 출신이 운영하는 '최인아 책방'은 강남역 한복판에 자리 잡고 있지요. MBC아나운서로 유명한 오상진·김소영 부부도 마포구 합정동에 '당인리책발전소'라는 서점을 운영 중이고요. 언제부턴가 한국의 셀럽들이 책방을 내고 있습니다.

서점이 생긴다는 소식은 반갑습니다. 판매하기 위한 책을 선택하는 책방지기의 주관적 관점에 따라 서점 분위기가 달라지는 특징을 일반 독자들은 즐기고 좋아하는 듯해요. 공간 자체의 분위기나 책의 진열 상태가 굳이 특별하지 않아도 특정인, 유명인의 서재라는 느낌이 강한 곳에서 일반 독자의 독서욕구가 자극되기도 하나 봅니다.

서점은 더 이상 책만 있는 공간이 아닌, 사람을 위한 그 무엇이 공존하는 '사람을 위한 공간'으로 변하고 있습니다. 이것이 사람들을 서점으로 불러모으는 이유 같습니다.

서점이 많아진다고 해서 독서인구가 늘고 있는 것은 아닙니다. 책방이 늘어가는 추세에 비해 독서 인구의 비율은 계속 감소하고 있으니까요(2004년 독서인구가 62.2%였는데 2017년도는 54.7%로 감소했습니다). 1인당 평균 독서량도 줄고 있죠. 책을 읽는 사람도 사는 사람도 없는데, 책을 파는 서점만 늘어나는 아이러니가 계속되고 있습니다.

어쨌든 셀럽들의 책방뿐 아니라 동네 책방에 큐레이션된 북디스플레이도 서점을 방문하는 사람들의 시선을 충분히 끌어냅니다. 책을 매력적으로 노출하는 기회를 늘리는 것은 독서 인구를 증가시키는 데도 도움이 되겠지요.

큐레이터는 책에 대한 전문성과 철학을 지닌 사람이어야 합니다. 서점을 기획하는 대표자는 자신의 개성과 안목을 담아 북큐레이션을 해야 하며, 도서관의 사서 역시 전문적인 시각으로 이용자를 위한 책을 찾아내어야 합니다. 시각적인 디스플레이가 전부가 아니란 뜻이죠. 단순하게 보여지는 북디스플레이 속에도 창의적인 아이디어를 바탕으로 한 '설계도'가 필요합니다. 책을 큐레이션 해보면 큐레이터만의 스타일이 드러나게 됩니다.

책은 다른 상품과는 달리 소비로 끝나지 않습니다. 구입한 후의 활용과정, 즉 읽기가 수반됩니다. 독서활동으로 이어질 수 있는 큐레이션이 되려면 북큐레이터만의 고민과 철학이 필요합니다.

라이프 스타일에 맞추어

서울 한남동이 새로운 라이프 스타일의 성지로 급부상하고 있습니다. 자사 브랜드만 유통시켜왔던 브랜드샵이 다른 브랜드와 협업하면서 가구, 소품, 화장품, 그릇 등 전반적인 라이프 스타일의 쇼핑이 가능한 편집샵이 즐비해졌습니다. 하나의 상품만 판매하는 곳이라는 이미지를 벗어나 패션, 음악, 커피, 향수, 화장품, 가구 등을 결합한 복합매장은 소비자의 편리함을 도울 뿐 아니라 개성 있는 삶의 모델을 제시하기도 하지요.

한남동의 S 편집샵은 1층에는 카페, 초콜릿, 꽃이 있고 2층에는 옷과 패션, 3층에는 카페, 4층에는 갤러리가 있으며 5층 루프탑에는 초록 식물이 가득한 정원이 있어 도심 속 휴식처 같습니다. 천천히 제품을 살펴보고, 휴식을 취할 수 있는 카페나 레스토랑, 책을 보거나 영화를 관람할 장소까지 한 곳에 있습니다. 트렌드를 반영하는 인테리어와 쾌적한 분위기를 갖춘 샵은 금방 사람들의 입소문을 타고 유명해지기 마련입니다.

독일 쾰른에서 시작한 BUTLERS(버틀러스)는 자신만의 집을 꾸미고 싶은 소비자에게 가구, 주방가구, 가정용품, 식기구, 램프, 데코레이션 용품, 선물까지 비치된 아름다운 공간을 보여줍니다.

편집샵은 하나의 전시 공간이자 경험을 공유하는 공간이라는 느낌을 줍니다. 더 좋은 생활을 제시한다는 가치가 내면에 자리 잡고 있어, 라이프스타일 편집샵은 앞으로도 독특한 개성과 스토리로 사람들을 사로잡을 것입니다.

이제는 중대형 서점도 큐레이션 기능을 강화한 복합매장으로 바뀌고 있습니다. 소비자의 문화생활에 대한 욕구를 채워주며, 취향을 만족시키도록 돕는 기능까지 추가하기도 하고요.

일본 최대의 서점 츠타야는 품격 있는 라이프 스타일을 제안하여 지역 문화를 이끌어가는 서점 프랜차이즈라고 할 수 있습니다. 우리 주변에도 이를 모방한 크고 작은 서점이 많이 생겨나기를 희망해봅니다. 물론 우리만의 독특한 문화를 가진 서점이어야겠지요. 이왕이면 자기만의 목소리로 삶의 가치를 언급하고, 그 가치를 파는 서점 말입니다.

개성을 담아

이곳에 가면 뭔가 다르다는 생각이 들도록, 서점도 특별함이 느껴지는 곳이 되어야 합니다. 세상에 똑같은 책은 많지만, 서점만의 독특한 북큐레이션은 세상에 하나밖에 없는 것이 될 수 있지요. 자기계발, 경제경영, 한국문학, 외국문학…. 이런 식의 식상한 진열이 아닌, 책방지기만의 개성과 철학이 담긴 큐레이션을 통해 예비독자도 독특한 영감을 얻을 수 있습니다. 이와 같이 큐레이션 서점은 북큐레이터의 취향과 개성, 전문성이 느껴지는 곳입니다.

큐레이션 자체가 하나의 지적 상품이 될 수도 있습니다. 제가 아는 강원도의 한 책방은 서가의 책장을 촬영하는 것을 금합니다. 북큐레이터가 생각하는 창의적인 주제, 그에 따라 정기적으로 교체되는 서가의 책, 소개하는 방식과 내용, 인상적인 구절

발췌 등은 북큐레이터만의 고유한 지적재산과도 같은 것이니까요. 이처럼 북큐레이션에는 북큐레이터가 독자에게 드러내는 독특한 관점이 담겨 있습니다.

위례신도시에 새롭게 생긴 near my [B](니어마이비)라는 서점은 카페형, 지역 특화형 라이프스타일 공간을 표방한 곳입니다. 입구부터 꽃, 커피, 책의 순으로 구성된 이곳은 동네에서 일상적 문화생활이 가능하도록 만들었습니다. 책은 지역주민을 위한 요리, 여행 위주의 서가로 구성했고 3천여 권의 책이 진열되어 있습니다. 책장 분류 또한 독특하고 재미있습니다.

- 가족과 안 친한 사람들을 위한 책
- 솔로를 탈출시켜주는 책
- 자연으로 일탈을 꿈꿀 때 읽어야 하는 책
- 학창시절 몰래 읽어야 하는 책
- 자존감을 높여주는 책

이러한 상황별 분류, 독특하지요? 이곳은 찾는 사람들이 주로 가족단위이기 때문에 아들, 딸, 아내, 남편 등에게 건네주고 싶은 책을 제안하고 있습니다.

큐레이션이 있는
서점

최인아 책방

좋아하면서도 가치 있는 일을 하고 싶다는 마음으로 책방을 열었다는 최인아 대표는 '생각의 힘'이 바로 책에서 나온다고 했습니다. 광고 카피라이터로 일하면서 생각의 힘은 바로 책과 책이 만날 때 생겨나는 것을 몸소 느꼈기 때문에, "생각과 생각이 만나는 데서 새로운 가치가 나오는데 그것이 바로 책의 역할"이라고 말한 바 있지요. 다양성을 인정하는 사회, 정답이 아닌 자신만의 답을 찾아나가는 시대가 되었기에 책의 중요성이 더 강조되는 게 아닐까요.

최인아 책방의 주 고객은 직장인입니다. 30~40대 직장인에게 생각하는 힘을 키워주고, 직장에서 일어나는 크고 작은 문제를 해결해주는 책을 큐레이션 합니다. 광고쟁이로 평생 훈련받은 기획력과 창의성을 책방 운영에 접목하여 인기를 얻고 있습니다.

2년 동안 책방이 잘 운영되면서 '최인아'라는 이름이 출판계에서 하나의 브랜드가 되었습니다. 최인아 책방마님이 매월 골라주는 책을 읽는 북클럽 회원은 모집 6개월만에 500명이 넘어섰습니다. 책방+북큐레이션+북클럽이 함께 움직이는 서점이 되니 책의 영향력도 막강해졌습니다. 최인아 책방은 독특한 책 큐레이션은 분류 방식부터 다릅니다.

- 스트레스, 무기력, 번아웃이라 느낄 때
- 돈이 전부가 아니다, 괜찮은 삶을 살고 싶다!
- 우리 사회가 나아지려면 무엇을 해야 할까
- 쟁이들은 어떤 책을 사랑하는가
- 프로페셔널의 조건
- 혼자 있는 시간을 어떻게 하면 잘 보낼까
- 요즘 재미가 부족한 당신에게
- 최인아, 정치헌의 선후배 친구들이 추천합니다
- 불안한 이십 대 시절, 용기와 인사이트를 준 책
- 서른 넘어 사춘기를 겪는 방황하는 영혼들에게

이러한 큐레이션을 보면 책을 선뜻 집어들고 싶지 않나요? 최인아 책방은 사람들이 왜 책을 읽을까에 대한 질문부터 큐레이션을 하고 있습니다. 고민해결을 위해 책을 읽는 사람들이 많다면, 그들의 고민을 해결해주는 큐레이션이 꼭 필요하겠지요. 최인아 책방은 '인생의 고민을 해결하기 위한 책'이라는 큐레이션 테마가 잘 드러나는 책방입니다.

02-2088-7330 서울 강남구 선릉로 521

책방 이듬

김이듬 시인의 서점으로 알려진 '책방이듬'은 시집을 파는 곳입니다. 이 서점은 '호숫가 책방''책 처방 책방'으로 소문나 있습니다. 간판 아래에는 니체의 명문이 쓰여 있죠. "춤추는 별을 잉태하려면 자신의 내면에 혼돈을 지녀야 한다." 신비롭고 묘한 느낌을 불러일으키죠.

시인의 이름을 그대로 딴 책방이듬이라는 상호도 이색적입니다. 시인은 『히스테리아』(문학과지성사, 2014), 『모든 국적의 친구』(난다, 2016), 『표류하는 흑발』(민음사, 2017) 등 다수의 시집을 냈으며 소설, 수필, 여행에세이 등 다양한 문학 분야에서 활발하게 활동하고 있습니다. 서점 책 절반 정도는 시인이 하나둘 모은 손때 묻은 책인데 절판되어 구하기 힘든 책도 있습니다. 독자 또는 주민과 좀 더 가까이서 문학을 이야기하며 즐길 수 있는 공간을 만들고 싶은 마음에 문을 연 작은 소통의 공간이라고 합니다. 책방, 카페, 문화살롱 등의 복합공간이기도 하죠. 서점을 찾아온 이들의 고민을 들어주고 고민에 맞는 책을 처방해주기 때문에 멀리서도 알음알음 찾아옵니다.

시인이 운영하는 책방인 만큼 낭독회가 꾸준히 열립니다. 정기 낭독회를 통해 일산과 파주에 사는 시인, 소설가, 수필가, 희곡작가 등에게 낭독의 기회를 제공합니다. 시인의 팬도 멀리서 찾아오며 문학지망생, 예술인, 동네 주민 등 다양한 사람들의 발길이 이어지는 곳입니다.

일반인 대상 글쓰기 강좌도 열리고 있습니다. 시인이 추천해주는 시집을 읽고, 글쓰기 지도도 받을 수 있는 책방이라는 독특한 컨셉 때문에 멀리서도 찾아가는 사람들이 많은가 봅니다.

031-901-5264 경기 고양시 일산동구 무궁화로 8-28

원주 터득골 북샵

최근에는 지역에서 북스테이를 하는 작은 책방이 생겨나고 있습니다. 책방에서 하룻밤을 자면서 책을 읽고 편안하게 시간을 보내는 것입니다. 원주 흥업면 대안리에 자리잡은 '터득골북샵'은 출판기획자와 동화작가 출신 주인 내외인 나무선·이효담 부부가 운영하는 곳입니다. 도심을 벗어난 작은 쉼터로 명상, 자연, 귀농귀촌 등을 다루는 책을 큐레이션하고 있습니다. 베스트셀러가 아니라 책방주인이 엄선한 책이 특징입니다. 책방에서 산길로 연결되는 뒤편에는 야외 공연장이 있으며, 책과 예술을 테마로 숲속 강좌와 캠프가 열립니다.

강원도의 외진 산골짝 서점까지 누가 찾아갈까 싶지만 최근에는 한국관광공사가 선정한 여행지로도 손꼽힌 바 있습니다. 나무가 울창한 숲속의 서점이라는 점에서 책읽기 정말 좋은 환경입니다. 이곳의 대표는 30년간 300여 권의 책을 출판했습니다. 황대권 씨의 『야생초 편지』는 지금껏 100만 부가량 팔리기도 했지요. 나무선 대표로부터 시골 책방을 운영하는 노하우를 묻자 책에 관한 안목을 기르고, 도서 유통 구조를 철저하게 이해한 후 서점을 열어야 한다고 말합니다. 주변 자연경관을 즐기려고 시골 책방을 찾기 때문에 독특한 책방 큐레이션도 필요하죠.

가정식 책방이라는 컨셉으로 내 집 서재에서 편안하게 책 읽는 느낌을 주는 곳이라서 가족단위 방문객도 많습니다. 김기철

도예가가 만든 도자기에 담긴 커피와 빵, 이대우 목수가 만든 새
집이 전시되어 있습니다. 운이 좋으면 인근에 사는 작가들을 자
주 볼 수 있는 곳이기도 합니다. 『강아지똥』에 그림을 그린 정승
각 작가도 멀지 않은 곳에 살아서 가끔 들른다고 합니다. 책과의
하룻밤, 북스테이를 하면서 자연 속에서 휴식을 취하고 싶은 분
들에게 권하고 싶은 책방입니다.

033-762-7140 강원 원주시 흥업면 대안로 511-4

책방 부쿠

SNS에서 100만 명이 넘는 팬을 보유한 '책 읽어주는 남자'가 운
영하는 큐레이션 서점 '부쿠'를 소개합니다. 부쿠(BUKU)는 책을
뜻하는 인도네시아어라고 합니다. 서점 간판은 아예 '큐레이션
서점 / 커리&베이커리 부쿠'라고 적혀 있습니다.

부쿠의 책방지기는 감성을 담은 이야기를 출판하는 '허밍버
드'와 나무 [수:] 출판사의 이규상 대표, 그리고 『나에게 고맙다』
저자인 전승환 작가입니다. 그 외 4명의 큐레이터가 상주하고
있습니다. 북큐레이터가 직접 고른 문학, 인문, 심리 등 다양한
분야의 책 1만 권을 소장하고 있는 곳이죠. 아기자기하고 컨셉

있는 진열대에는 추천도서가 가득합니다.

성북동 북악산 자락에 위치한 부쿠는 외관부터가 고풍스럽습니다. 하얀색 건물, 높은 천장, 아치형 창문 등은 유럽스타일입니다. 2017년 11월 성북동 버스 종점 앞에 문을 연 이곳은 멋진 분위기라서 일부러 찾아오는 사람들이 많습니다.

부쿠는 큐레이터가 읽지 않은 책은 입고하지 않는다는 원칙 아래 출간 시기와 상관없이 좋은 책을 발굴해내는 진정한 북큐레이터 역할을 합니다. 추천하고 싶은 책에 '부쿠's pick이라는 메모를 남겨 고객과 소통하는 방식도 재미있습니다. 책이 손상되지 않도록 투명 필름지에 추천이유나 구절 등을 적어 놓지요. 부쿠픽이 있는 책의 구매율이 실제로 높다고 하네요. 그리고 매월 15일 단위로 '부쿠가 사랑한 책들'이라는 큐레이션을 손글씨로 큼직하게 써 놓습니다. 부쿠의 큐레이션을 살펴보았습니다.

- 성북동 문인 : 성북동 서점 부쿠에서만 만나볼 수 있는 북동 이야기
- 여름밤을 닮은 젊은 소설가
- 레이먼드 커버와 '술'
- 그여자의 책, 그남자의 책
- 책도 '미니멀리즘'

- 미니멀한 당신에게 어울리는 책
- 북유럽소설
- 지금, 도쿄
- 이달의 표지컬러 : 레드, 그린
- 일상을 잊을 자유
- 부쿠가 사랑한 작가 박준
- 잊지 말길 사춘기

매월 한두 번씩 북토크가 열리는데 부쿠의 블로그를 통해 선착순으로 접수합니다. 북토크가 있는 날에는 당연히 책 판매율도 높아집니다. 성북구라는 동네답게 지역, 예술 등에 관한 책이 많은 편입니다. 북토크가 있는 날 일부러 멀리서 찾는 고객들이 있다고 합니다. 이곳은 지역주민의 휴식처, 놀이터 같은 공간으로 이용됩니다. 부쿠라는 서점을 통해 성북동의 이미지가 느껴질 만큼 예술적인 장소라는 인상을 줍니다.

책 사이사이에는 출판사의 이벤트 소식이 적혀 있고, 계산대에는 부쿠의 북토크 일정이 적혀 있습니다. 책을 구매하면 손글씨로 적은 글귀도 함께 전해줍니다. 한 권의 책만 구입하는 것으로 끝나는 곳이 아니라, 책을 통해 사람과 사람이 연결되어 있다는 느낌을 주는 공간이었습니다. 감성이 묻어나는 공간, 분위기,

북큐레이션 등을 통해 머물고 싶은 곳, 또 찾고 싶은 곳이 되었습니다.

070-7015-0167 서울시 성북구 성북로 167

순천 그림책 전문서점 '도그책방'

그림책 전문 책방인 '도그책방'은 도서관 옆 그림책 책방이라는 뜻을 지닌 곳입니다. 순천 그림책 도서관 옆에 위치해서 찾기 쉽습니다. 아늑한 공간이 특징인 이곳의 책방지기 윤해경 씨는 순천도서관에서 그림책과 소통하는 자원봉사를 15년째 이어오고 있습니다. 그림책의 독자는 0세부터 100세까지입니다. 그림책은 모든 사람들에게 필요한 책이죠.

순천에 하나밖에 없는 그림책 서점이다 보니 순천을 방문하는 그림책 작가의 필수 코스로도 알려져 있습니다. 작가의 친필 사인, 엽서 등이 가득 있답니다. 독자들도 그림책 작가들을 자주 볼 수 있다고 해요. 책방지기의 취향이 묻어있는 그림책을 잔뜩 볼 수 있습니다. 북스테이도 운영하는데, 미리 예약한 손님 딱 한 명만 머물 수 있습니다.

도그책방은 공간이 좁아서 정말 꼭 필요한 책만 큐레이션해

놓았다고 해도 과언이 아닙니다. 책방지기의 스토리텔링 타임도 아이들이 좋아해요. 그림책 3권을 구입하면 직접 만든 손뜨개 책갈피를 줍니다. 주로 작가별 큐레이션을 해놓았으며, 한림출판사의 하야시 아키코 브랜드전도 오랫동안 진행했습니다.

전남 순천시 도서관길 15

춘천 데미안 서점

귀여운 고릴라 캐릭터를 내세운 데미안 서점은 강원도에서 최대 규모일 뿐 아니라 최초의 복합문화체험공간입니다. 전체 4층으로 설계된 데미안은 각 층마다 특징 있는 서가와 미니 카페를 배치해 고객이 편안하게 이용할 수 있습니다. 4층에 있는 갤러리에서는 수준 높은 예술 작품들을 감상할 수 있고 차상찬 문고와 세미나실을 갖추고 있어 문인들과 출판인들의 학회 세미나를 비롯한 다양한 행사가 열리기도 합니다.

데미안은 서점 바깥에 자리한 파란 고릴라, LP샵과 피규어, 차상찬 작가와 잡지 전시관 등 다른 서점에서는 느낄 수 없는 독특함이 묻어납니다. 평소 이웃에게 베풀고 살기를 원하는 옥산가 대표의 꿈으로 탄생한 곳이라고 할 수 있지요. 소설가로, 수집가로, 강원도를 대표하는 잡지인 「태백」의 발행인으로 살아 온 한 사람의 '삶을 대하는 열정과 철학'을 담고 있습니다.

고급스러우며 종일 지루하지 않게 독서를 즐길 수 있는 이 서점은 마치 옛 이야기를 간직한 채 한 자리에 모인 박물관같은 빛깔과 소리를 지닌 듯합니다. 시공간을 초월한 차별화된 볼거리와 특유의 편안함이 매력적인 공간 데미안은 춘천 시민들을 위한 공간이자 춘천을 방문한 여행자들의 휴식 공간이 되고 있답니다.

강원 춘천시 춘천로 17번길 37

사적인 서점

지금은 잠시 문을 닫았지만, 2016년 10월부터 2018년 9월까지 한 사람을 위한 서점이라는 컨셉의 '사적인 서점'이 서울 마포구에서 운영되었습니다. 출판사의 편집자로, 서점원으로 일했던 정지혜 씨가 책방주인이었죠. 이 서점은 책을 처방하는 예약제 서점이라는 새로운 방식으로 운영되는 실험적인 책방이었습니다. 정지혜 씨는 서점 안팎을 넘나들며 책과 사람이 만나도록 연결하는 일을 하고 싶었다고 합니다.

2018 서울국제도서전에서 '〈시애틀의 잠 못 이루는 서점〉을 처방해 드립니다'코너는 최고의 인기였습니다. 세상에는 잘 드는 약처럼 고민을 덜어주는 책이 있다는 컨셉이었죠. 누구나 한 번쯤 품었을 만한 고민에 힌트가 될 만한 서른세 권의 책을 처방전 모양 책싸개로 포장해서 판매했지요.

작년에는 8년 동안 책과 함께 살면서 시도해 온 크고 작은 경험을 쓴 『사적인 서점이지만 공공연하게』(유유, 2018)를 출간했습니다. 왜 하필 서점을 열고 싶었는지, 어떻게 '사적인 서점'을 열게 되었는지, 서점을 꾸려가는 동안 어떤 즐거움과 괴로움이 있었는지 진솔하게 담아낸 책입니다.

'사적인 서점'에서는 책 처방 프로그램을 운영했습니다. 매주 금요일과 일요일, 하루 세 명씩만 상담을 하고 그에 맞는 책을 처방하는 식입니다. 먼저 상담을 예약한 후 서점에 방문하여 상담을 받는 식이죠. 상담료에는 책값이 포함되어 있고, 추후 포장된 책을 배송받습니다. 서점 주인으로서 책을 판매하는 일뿐만 아니라 상담, 홍보, 북토크 진행, 홍보와 모객, 반품과 비품 재고 파악, 정산 등의 일까지 했습니다. 보유한 책은 약 700권 정도이며, 책 처방사가 증상에 맞는 책을 처방하기 때문에 직접 읽어본 책만 권하는 곳입니다.

내부 풍경도 사면이 서가로 둘러싸인 다른 서점과는 다릅니다.

5평 규모의 매장에 흐르는 조용한 음악과 따뜻한 조명, 아기자기한 소품이 진열되어 편안한 분위기입니다. 책을 독자가 고르는 것이 아니라 책방주인이 골라서 일주일 뒤에 받는 느린 서비스가 이곳의 장점입니다.

상담시간 1시간에서 20분은 독서상담, 40분은 자유로운 대화 및 고민상담이 이어집니다. 상담이 끝나면 책방주인이 고심하여 고른 책을 택배로 보내줍니다. 이때 책과 함께 동봉한 작은 엽서에는 책에 대한 짧은 소개, 그 책을 선정한 이유, 책에서 뽑은 문장, 그리고 응원의 말이 적혀 있습니다. 이 서점을 이용한 고객은 주로 20~30대, 여성의 비율이 현저히 높았습니다.

나의 고민을 들어주고 책을 처방해주는 '사적인 서점'과 같은 방식의 서점이 조금씩 생겨나는 추세입니다. 나만을 위한 책이라는 100% 독자 맞춤 큐레이션이 적용된 경우죠. 정지혜 책방지기가 앞으로 다시 열게 될 '사적인 서점'(시즌2)도 궁금해집니다.

02-338-2285 서울 마포구 서강로9길 60. 4층

카모메 그림책방

두 번째 소개할 책 처방 서점은 바로 어른을 위한 그림책 서점인

'카모메 책방'입니다. 서울 금호동에 위치한 이곳은 서점지기가 타로상담을 하는 것이 특징입니다. 예약제로 타로상담을 한 후에 3권 정도의 그림책을 골라줍니다. 상담료에는 책값이 포함되어 있지 않습니다. 책을 구입할지 여부는 고객의 자유입니다.

책방지기인 정해심 대표는 사서로 일한 경험을 바탕으로 타로카드상담, 독서치료, 심리 등을 접목해서 그림책 책방을 열었습니다. 『이 나이에 그림책이라니』(이비락, 2018)라는 책을 쓰기도 했지요. 이 책은 단순한 그림책 소개서가 아닙니다. 삶에 대한 자신의 경험을 그림책으로 녹여낸 '그림책 큐레이션'목록이 돋보입니다.

'그림책톡'이라는 프로그램을 통해서 정해심 대표가 직접 타로로 마음을 읽고 꼭 필요한 그림책을 추천해줍니다. 매장에서만 500여 권의 책이 판매되고 있고, 2,000여 권의 책을 소장하고 있습니다. 상처받은 마음을 위로하는 그림책 위주로 심리에 관한 그림책, 죽음과 관련된 그림책, 사회적인 이야기가 담긴 그림책, 남성을 위한 그림책 등 폭넓은 그림책을 볼 수 있는 것이 특징입니다.

신간 입고, 책방 베스트셀러 등을 표시하여 독자의 눈길을 사로잡습니다. 일반 서점에서는 볼 수 없는 독립 서적과 아트북을 보유했으며, 그림책과 어울리는 단행본도 비치하고 있습니다.

'카모메 그림책방'의 큐레이션 테마는 '마음'입니다. 그림책방의 따스한 분위기 속에서 타로카드로 상담을 받고, 그림책 처방을 받는 독특한 컨셉이지요. 한 장의 그림만으로도 기분이 좋아지고 가슴 벅찰 때가 있습니다. 그림책은 텍스트가 짧지만 긴 여운과 감동을 주기도 합니다. 어른에게도 그림책이 필요한 이유죠.

'카모메 그림책방'에서는 그림책 낭독모임과 그림책테라피모임 등도 열립니다.

010-6510-5065 서울 성동구 금호동2가 522번지(무수막길 84)

도서관

평생교육을 위하여

도서관은 자료의 수집·정리·보존·축적뿐만 아니라 독서활성화를 위한 계획을 수립하는 곳입니다. 강연회, 감상회, 전시회, 독서회 등 문화 활동과 평생교육의 주체가 되는 곳이지요.

도서관은 국립중앙도서관을 비롯하여 공공도서관, 학교도서관, 대학도서관, 전문도서관, 어린이도서관 등으로 나눕니다. 모든 도서관의 공통 목표는 이용자의 평생교육에 이바지하는 것입니다. [11]

평생교육을 위한 도서관의 업무에는 여러 가지가 있습니다. 그중에서도 가장 중요한 것은 장서개발이라고 생각합니다. 앞에

---

11) 노영희, 최만호 『도서관 공간구성의 이해』 청람, 2016.

서도 거듭 말씀드린 독자층의 감소는 도서관의 도서 이용률에도 부정적인 영향을 미치고 있지요.

이에 도서관들은 북큐레이션이라는 새로운 개념을 접하고 받아들이려는 열정을 보입니다. 북큐레이팅을 통해 서점의 매출이 증가했듯이, 북큐레이션을 통해 도서관의 장서개발과 디스플레이에도 좋은 효과를 얻을 수 있을 테니까요.

그런데 도서관 현장의 사정은 좀 다릅니다. 사서 선생님들이 북큐레이팅을 기획하고 디스플레이하기에는 어려움이 있습니다. 이미 담당하는 업무가 많기 때문이지요. 이용자를 위한 효과적인 장서개발의 방법은 알고 있지만 그것을 현실에서 적용하고 지속시키는 데는 한계가 있는 것입니다. 도서관은 지역주민들에게 지식과 정보를 제공하는 곳인데, 정작 이를 위한 담당 사서는 태부족합니다.

그래서 이런 생각을 해봅니다. 이미 일부 도서관에서 진행하고 있는, 시민 북큐레이터를 대대적으로 양성하는 것이지요. 사람마다 각기 다른 시각과 취향을 가졌기 때문에, 책을 해석하고 접목하며 활용하는 방법 또한 다양합니다.

여러 사람이 함께 기획하는 북큐레이팅과 북디스플레이가 도서관 이용자에게 도움이 될 겁니다. 주민들의 평생교육을 겸하는 도서관에서 시민 북큐레이터를 양성하여 도서관에 봉사하게 하는 것은 일석이조의 효율적인 평생교육 프로그램으로 자리 잡을 수 있지요. 북큐레이션의 과정을 접하면서 책을 생각하고 활용하는 시각을 다시 배우게 되니까요.

크고 작은 도서관에서 도서관을 이용하게 하려는 차원에서 여러 가지 문화 강좌를 열기도 합니다. 평생교육의 차원에서 다양한 교육을 진행하는 것은 좋습니다. 그런데 도서관에 비치된 수많은 책을 발견하고 활용하는 차원에서 보면 책과 연결되지 못하는 강좌가 눈에 띄어 개인적으로 안타까운 마음이 들기도 합니다. 책을 잘 읽게 하기 위해 필요한 독후활동이 너무 강조되는 바람에 책이라는 본질이 사라지는 듯해서 말이지요.

책의 생태계를 살려나갈 수 있고, 주민들이 함께 읽기를 할 수 있는 도서관이 더욱 활성화되기를 바라봅니다. 누구 한사람 소외됨 없는 민주교육의 장이 될 수 있기를요.

책을 이용하기 위하여

도서관 사서 연수에서 꼭 짚고 넘어가는 '도서관학의 5법칙'에는 도서관 북큐레이션의 가치와 필요성이 담겨 있습니다. 도서관학의 5법칙은 인도의 수학자이자 사서인 랑가나단(1892~1972)

박사에 의해 정리된 것으로서, 도서관의 3요소라고 하는 책과 도서관인(도서관 종사자), 그리고 독자에 대한 이야기입니다. 랑가 나단 박사의 도서관학 5법칙은 현재까지도 도서관 운영의 기본 원칙으로 여겨집니다.

랑가나단의 도서관학 5법칙

1. 책은 이용하기 위한 것이다.
2. 모든 사람에게 그 사람의 책을.
3. 모든 책에게 그 책의 독자를.
4. 독자의 시간을 절약하라.
5. 도서관은 성장하는 유기체이다.

저는 다섯 가지 법칙 중에서 1법칙과 2법칙, 3법칙을 중심으로 북큐레이션과 관련지어 생각해보고자 합니다.

책은 이용하기 위한 것이다

책을 이용하기 위한 방법을 생각하면 여러 가지가 떠오를 것입니다. 책을 이용하기 위해 도서관에 가야 한다면, 도서관이 어디에 있는 것이 좋을까부터 책을 이용하는 주민들을 배려한다면 도서관을 개폐하는 시간은 언제쯤이면 좋을까 등 '책을 이용한다'는 것 하나만으로도 꼬리에 꼬리를 무는 다양한 생각이 일어납니다.

이 명제 하나만 염두에 두고, 잘 이해하며 풀어나가는 것이 곧 북큐레이션의 과정이라고 해도 과언이 아니지요. 도서관의 위치, 도서관 내의 공간 분할과 서가의 위치, 책의 배치와 사서의 역할 등이 이 명제에 모두 관련될 수 있으니까요.

보존이 중심이던 19세기에는 도서관의 개관 시간이나 개관일이 아주 짧았고, 각지의 도서관은 닫힌 경우가 더 많았다고 합니다. 도서관의 입지나 도서관의 개관 시간은 도서 이용에서 아주 중요한 요인이지만, 이 시기는 도서관에 있는 책을 일반인이 되도록 볼 수 없게 한 겁니다.

랑가나단은 도서관을 시의 중심인 시장 가까이에 두고 누구나 이용할 수 있게 하자고 주장함으로써, 도시의 권력자와 행정가를 놀라게 했다고 합니다.

효과적인 도서관 북큐레이션을 위해서는 도서를 이용하는 방법을 고민하고 좋은 아이디어를 찾아내야 합니다. 책을 진열하고 보여주는 일은 시작에 불과합니다. 실제 교육이 이루어지는 프로그램에도 책을 이용하기 위한 적극적인 방안이 포함되어야 합니다.

앞에서도 잠깐 말씀드렸지만 책이 없는 도서관 행사나 교육프로그램은 보완이 필요하지 않나 생각합니다. 특히 어린이를 대상으로 하는 독서프로그램에 책이 아니라 활동자료만으로 수업을 진행하는 것은 도서관의 기본 역할을 망각한 경우가 아닐까요.

모든 사람에게 그 사람의 책을

2법칙은 독서습관과 관련 있는 항목으로 해석할 수 있습니다. 모든 사람에게는 그 사람에 맞는 책이 있다는 뜻일 텐데요, 이와 같은 노력은 예비독자로 하여금 책을 좋아하게 만들어줄 것입니다.

도서관인은 사람을 먼저 파악하고 그 사람이 원하는 책을 제공해주어야 합니다. 이것은 북큐레이션을 위해서는 독자 파악이 우선이라는 말과 같은 맥락이지요. 북큐레이션을 하려면 그 대상이 되는 사람을 파악하지 못하고는 제대로 진행할 수 없듯, 책을 이용하게 하려면 독자 발굴을 해야 하고, 독자를 발굴하기 위해서는 독자가 원하거나 독자에 맞는 책을 찾아내서 연결해주어야 합니다.

도서관학의 제2법칙은 사실 모든 사람의 교육과 관계된 법칙입니다. 책읽기를 교육의 기회로 보고, 어느 누구도 이러한 교육의 기회에서 소외되어선 안 된다는 말입니다. 여자든, 남자든, 농부든, 운동선수든, 선원이든, 핸디캡을 가지고 있는 사람이든 상관없이, 모든 사람에게는 책이 필요하다는 의미라고 합니다.

사람의 다양성을 바탕으로 하는 민주주의 사회에서의 도서관인의 역할과 관련이 깊은 법칙입니다. 개인별 생애주기에 따른 독서의 필요성을 역설하는 말이기도 합니다.

지금은 누구나 자신이 원하기만 하면 책을 읽을 수 있지요. 그러나 오래 전에는 지위고하를 막론하고, 남녀구별 없이 독서를 자유롭게 할 수 있는 분위기가 아니었습니다. 근대에 와서야 일반인들도 도서관을 이용할 수 있게 되었다고 하지요.

도서관학의 제2법칙은 모든 사람에게 주어지는 교육의 기회라는 차원을 넘어서, 예비독자를 찾아내서 책을 읽게 해야 한다는 의미도 됩니다. 오늘날 지역마다 작은 도서관이 활성화되고 있으며, 책이 사람을 찾아 공원이나 버스 정류장으로 옮겨가는 것과 같은 의미라고 이해할 수 있겠습니다.

모든 책에게 그 책의 독자를

3법칙은 책을 주체로 내세웁니다. 책 역시 사람처럼 개성이 있으며 그에 따라 어떤 역할을 한다고 보는 경우지요. 이 법칙은 이 책에서 말씀드리는 북큐레이션의 특징을 가장 잘 드러내줍니다. 서가의 형태, 책의 분류 방식, 다양한 경로를 탐색하게 하는 도서 검색 방식 등에 이르기까지 현대 북큐레이션과 일맥상통하는 점이 많습니다.

수많은 책이 말을 할 줄 안다면, 누군가의 손에 들려져 한 번이라도 자기를 보여줄 수 있으면 좋겠다고 말하지 않을까요? 어떤 작가는 자기가 쓴 책이 서점의 어느 한 자리에 꽂히기만 해도 좋겠다고 했답니다. 애써서 쓴 글이 서점의 서가에 꽂히지 않는다는 것은 고객을 만날 기회조차 얻지 못하는 셈이니까요. 해마다 발간되는 수만 종의 책이 고객(예비독자)을 만나려면 고객의 눈에 띄는 자리에 놓여 있어야 합니다. 북디스플레이는 도서를 표지가 보이도록 진열함으로써 예비독자를 유혹하려 합니다.

테마별 도서 분류와 도서관의 개가제 외에도 독자를 찾아내기 위해 분출저록이라는 것이 활용됩니다. 분출저록은 '하나의 서지 레코드의 작성 대상이 되는 자료의 부분을 기술하고 그것을 전체 자료와 관련짓는 기록'입니다. [12]

서가상의 책은 분류기호에 따라 배열됩니다. 그러나 책은 한 권에도 몇 개의 주제를 가질 수 있지요. 분출저록은 한 권의 책이 가진 주제마다 분류기호를 부여함으로써, 그 책을 찾을 길을 다양하게 제공하는 것입니다. 한 권의 책이 여러 방면에서 검색되게 함으로써, 조금이라도 더 쉽게, 더 많은 독자의 손에 들어가도록 하는 방식이지요. 서점에서 사람들의 이동 경로를 따라 책을 배치함으로써, 책이 조금이라도 더 눈에 띄게 하는 것처럼요.

4법칙은 도서관에 온 이용자의 시간을 절약해주어야 한다는

---

12) 일본도서관정보학회, 용어사전편집위원회 엮음, 오동근 옮김 『문헌정보학 용어 사전』 태일사, 2011.

내용입니다. 북큐레이터의 역할은 책과 사람을 연결해주되, 짧은 시간 안에 원하는 책을 구하도록 해주는 거지요.

5법칙의 도서관이 성장하는 유기체라는 말은 무슨 뜻일까요? 대중은 도서관에 비치된 책을 이용하여 자유롭게 정보를 입수하고, 민주적이고 평등한 가치를 실현하게 됩니다. 책을 통해서 개인과 사회의 성장 및 진보가 가능해지는 것입니다.

도서관이 끊임없이 살아 숨쉬는 유기체라면, 북큐레이터는 어떻게 이용자의 성장을 도울 수 있을까요? 독자에게 양분이 되는 적절한 책을 찾아내어 잘 섭취할 수 있도록 해주어야겠죠.

대상을 파악하기 위하여

도서관에서 북큐레이션을 기획할 때, 대상이 되는 이용자를 파악하기 위한 설문지입니다. 요즘에는 도서관에서 시민 북큐레이터 양성과정을 통해 도서관의 업무를 돕도록 기획합니다. 도서관 이용이 어려운 직장인을 위해 개인별로 도서를 택배로 보내주는 사례도 있고요. 이럴 때 개인을 파악하기 위한 설문지가 필요한데, 다음과 같은 양식을 참고할 수 있습니다.

〈간단한 설문 작성〉

이름			
직업			
나이			
성별	남자		여자
결혼 여부	기혼		미혼
월평균 독서량	1권 이하	1~3권	3권 이상
독서 시간대	오전	낮	밤
관심분야 및 장르			
독서목적			
책을 구할 때 주로 이용하는 곳	도서관	오프라인 서점	온라인 서점

　　설문지를 통해 대상이 파악되고 나면, 기본정보를 바탕으로 도서를 인터넷으로 검색해봅니다. 여러 통로를 통해 서평이나 출판사의 작품 소개를 참고합니다. 물론 큐레이터가 직접 읽은 책을 바탕으로 정리하는 것이 가장 바람직하겠죠.

1차 정보수집에 해당하므로 다소 많은 책의 리스트를 작성해 봅니다. 그런 다음 관심사를 시기, 목적, 상황에 따라 재배열하여 개인에게 맞는 북큐레이션을 기획합니다. 이러한 과정을 통해 최종적으로 개인에게 맞는 도서를 선별해 냅니다.

도서관에서의 북큐레이션 대상은 개인을 설정하기 어려운 면이 있습니다. 도서관을 찾는 일반 대중을 상대로 하되, 연령대별 관심사와 상황을 고려합니다. 이때 대상에 대한 정보를 통해 큐레이션 해나가는 과정은 같은 방식으로 접근합니다. 그후에 선택한 도서를 배치하고 전시하면 됩니다.

도서관 큐레이션 사례

자연을 책장 안으로

최근 자연이나 숲 등을 주제로 한 큐레이션이 인기입니다. 도서관이나 책방이 힐링의 장소라고 생각하기 때문일까요. 2018년 10월에 서울 중랑구에는 자연생태공원인 중랑캠핑숲 내에 자연, 힐링을 테마로 한 가족형 도서관인 '양원숲속도서관'이 개관하였습니다.

동식물이나 자연을 주제로 한 그림책부터 백과사전, 과학지식을 담은 책, 자연친화적인 생활을 제안하는 책, 자연친화와 생태를 주제로 한 문학 작품 등의 주제로 큐레이션이 가능할 것입니다. 대주제를 자연으로 두고 소주제를 작게 쪼개어 무궁무진한 큐레이션이 가능합니다.

예) 자연이라는 대주제를 다양한 소주제로 나눈 북큐레이션

- 건강한 먹거리 : 과일과 채소, 로푸드, 생식, 채식주의자, 유기농
- 귀농귀촌과 행복한 삶 : 집짓기, 주말농장, 귀농에세이, 국내외 귀농사례, 농가주택, 협동조합, 작물재배에 대한 책, 텃밭, 원예기술, 정원관리
- 초록 : 책 표지가 초록으로 된 책, 채소를 테마로 한 책
- 재활용, 리사이클링 : 리사이클링 아트, 리사이클링 제품 이야기, 미니멀라이프, 리사이클링을 활용한 공예책, 플라스틱이야기, 재활용 놀이, 폐자원 활용하는 책
- 공정무역 : 공정무역커피, 공정무역초콜릿, 착한소비, 착한설탕, 오가닉, 여성과 아이들의 자립경제, 로컬에 대한 이야기
- 캠핑 : 야외활동, 자전거, 등산, 아웃도어, 캠핑 등을 주제로 한 책

- 걷기 : 걷기의 효능, 걷기를 예찬한 에세이, 걷기 좋은 여행지나 길을 소개한 책
- 계절 : 계절별 책장을 꾸며 계절의 변화를 느낄 수 있는 책으로 큐레이션

큐레이션이 있는
도서관

경기도 안양시 파빌리온도서관

국내 유일의 공공예술 전문 도서관이라는 컨셉으로 2013년 문을
연 안양 파빌리온도서관. 이곳은 안양 유원지 안에 있는 오래된
갤러리였습니다. 안양 유원지는 80년대 서울 인근 사람들이 물
놀이나 야유회 등을 하기 위해 흔히 찾는 도심의 자연 쉼터 같은
곳으로 기억합니다. 춘천 남이섬이나 강촌 유원지와 비슷한 느
낌이었다고나 할까요. 지금은 공공의 재원을 투입하여 건축가와
예술가의 작품을 다룬 도서와 영상자료 2000여 점을 소장한 도
서관으로 바뀌었습니다.

　파빌리온도서관은 건물 자체가 예술작품입니다. 건물 입구부

터 도서관이라고 전혀 상상할 수 없을 정도로 디자인이 뛰어납니다. 도서관 중앙의 원형 벤치는 책이라는 컨셉에 맞게 종이로 만든 작품입니다. 건축가 신혜원 씨의 작품이라고 하네요. 골판지를 친환경 옥수수 풀로 붙여 지름 7.2m에 이르는 대형 원형 벤치를 만들어 독자가 편히 앉아 책을 읽을 수 있게끔 했죠. 사람이 뛰고 굴러도 튼튼한 종이 벤치가 이색적입니다.

심지어 서가도 모두 종이로 만들어졌습니다. 꽂힌 책은 주로 공공미술, 사회예술에 관한 전문서적입니다. 책이 많지는 않지만 특화된 책만 선별해 놓았기 때문에 오히려 선택과 집중이 가능하겠죠.

서가 뒤에는 공공예술 관련 DVD 영상을 감상할 수 있는 컴퓨터가 놓여 있고, 그동안 안양시 일대에서 열린 역대 안양공공예술프로젝트의 영상과 서류 기록을 볼 수 있는 아카이브 장비도 있습니다. 도서관 안에서는 마음대로 책을 읽고 공부도 할 수 있지만 대출은 불가능합니다.

이곳은 안양예술공원 내에 있는 도서관이기 때문에 다양한 예술 프로그램도 상시 운영중입니다. 도서관의 도슨트가 신청자를 대상으로 하루 2~3회 안양예술공원과 파빌리온 일대의 공공예술작품투어를 하고 있습니다. 미술·조각·건축·영상 등을 아우르는 공공예술이 어떻게 사람들의 삶을 바꾸어 놓았는지 궁금한 사람들은 한 번 쯤 가보면 좋습니다.

경기 안양시 만안구 예술공원로 180

순천 그림책도서관

지난가을 볕이 좋은 날 기차를 타고 여행하듯 강의를 다녀왔던 순천 그림책도서관. 2014년 4월 개관한 이곳은 그림책을 전문으로 한 도서관입니다. 원래 1968년 지어진 순천시립도서관 건물이었어요. 본관 1~2층(2000㎡)은 그림책 자료실, 인형극 전용 극장, 그림동화 영상 관람공간, 원화 전시실, 그림책 도서관 강의실, 그림책 연구실, 작가의 방 등 그림책 관련 시설로만 꾸며져 있습니다. 전시를 설명하는 도슨트 15명도 활동 중입니다.

　3개월 단위로 그림책 큐레이션을 하고 상시 인형극을 볼 수 있으며, 작가와의 만남이나 출판사 작품을 만나는 기획전이 계속 열리는 곳이랍니다. 현재 본관에 보유한 그림책은 7804권, 별관에는 그림책과 일반책 2만 4745권이 있습니다. 책의 수는 계속 바뀌겠죠.

　순천이라는 지역적인 특성상 서울과 파주 중심의 출판사는 처음에 시큰둥했다고 합니다. 이제는 전국 출판업계 및 작가들이 앞다퉈 전시를 희망하는 곳이 되었습니다. 국내 제1호의 그림책 도서관이라는 상징성 때문에 다른 지자체에서 그림책도서관을 지을 때 참고가 되는 곳이기도 합니다.

2017년에는 사토 와키코의 원화작품이 국내 최초로 이 곳에서 전시되어 당시 국내 그림책 활동가 및 부모에게 놀라움을 선사한 적 있습니다. 사토 와키코는 '도깨비를 빨아버린 우리 엄마'와 '호호 할머니의 기발한 이야기' 시리즈 등을 발표했는데, 많은 아이들이 좋아하는 작품이죠. 저도 그림책 수업을 할 때 여러 번 소개하는 작품입니다.

순천 그림책도서관은 에릭 칼, 한병호, 앤서니 브라운, 이태수, 이억배 등 국내외 유명작가의 원화 특별전을 기획한 것으로 유명합니다. 한 작가의 여러 그림책 원화를 100점 이상 장기 전시하기 때문에 멀리서도 찾아갈 만합니다. 다양한 그림책을 접한 아이들이 그림책 원화를 보면서 작가와의 교감할 수 있죠.

전라남도 순천시 도서관길 33

군포 중앙도서관 지역작가 큐레이션

군포시는 '책 읽는 군포'라는 도시 브랜드를 만들어나가고 있습니다. 군포시 중앙도서관은 군포시에서 창작활동을 하는 작가를 모아 도서관에서 전시 코너를 만들어놓았지요. 타 도서관과 차별화된 큐레이션이 바로 지역작가 도서를 한눈에 만나볼 수 있는 '지역작가의 문학공감 사람책 열람카페'입니다.

성석제 소설가, '한국문학통사'를 쓴 조동일 작가 등 대표적인 작가 25명의 프로필이 소개되어 있고, 출판한 도서 153종이 전시되어 있습니다. 고 리영희 한양대 명예교수의 기증코너에는 700권의 기증도서도 만나볼 수 있습니다. 지역작가 큐레이션은 작가의 사기를 고양하는 데다 작가와 시민 간의 거리를 좁히는 기능도 있습니다. '내가 사는 지역에 어떤 작가들이 있을까?'하는 궁금증을 이곳에서 해결할 수 있지 않을까요.

전국에 있는 문학관을 찾아다니다 보면 작품과 함께 작가의 생활을 엿보게 됩니다. 박경리의 '토지'의 무대가 되는 하동과 통영의 '박경리문학관', '이효석 문학관'이 있는 봉평, 시인 윤동주가 기숙하고 살았던 서촌 마을의 '윤동주 문학관', '동백꽃'의 무대가 된 춘천의 '이효석 문학관', '소나기'를 쓴 황순원 작가의 무덤이 있는 양평의 '황순원 문학관'등이 그 사례죠. 작가는 지역을 기반으로 영감을 얻어 책을 구상하고 글을 쓰게 마련입니다.

시민과 작가가 만나고, 책과 사람이 만나는 곳이 도서관입니다. 군포시 중앙도서관 지역작가 코너를 보면서 '아, 내가 사는 동네에 글을 쓰는 누군가가 살고 있구나'라는 느낌만으로도 설레겠죠.

경기도 군포시 수리산로 79

네이버 라이브러리

2010년 신축한 '그린 팩토리(Green Factory)'라는 이름이 붙은 경기도 분당의 네이버 사옥은 에너지 효율이 높은 친환경 건물이며, 회사의 상징색인 초록색은 멀리서도 한눈에 보입니다. 초록색 인테리어는 사람들에게 쉼과 휴식을 주는 것처럼 편안한 컬러입니다.

본사 사옥 1, 2층에는 약 1000㎡ 크기의 로비 공간을 누구나 손쉽게 이용할 수 있는 도서관(네이버 라이브러리)으로 꾸며 외부인에게 개방하고 있어요. 사람들이 책을 읽으며 만나고 소통하면서 또 다른 창조적인 아이디어를 만들어낼 수 있습니다. 검색 엔진 네이버는 온라인을 통한 정보 플랫폼 역할을 합니다. 그에 맞는 철학을 네이버 라이브러리로 담아냈습니다. 네이버 라이브러리의 디자인 혹은 소장하고 있는 국내외 희소가치 있는 책을 보기 위해 전국에서 일부러 찾아오는 명소가 되었습니다.

이곳은 디자인 관련 서적을 압도적으로 많이 보유했으며 건축, 일러스트, 그래픽, 산업디자인, 예술 등의 분야로 나누어 놓았습니다. 1만 7000여 권의 디자인 관련 서적 가운데는 값이 비싼 외국서적도 많습니다. 패션이나 건축 디자인에 관심 많은 대학생도 자주 찾는 도서관이라고 합니다. 인터넷 · IT · 프로그래밍 · DB 등 IT 서적도 비치해놓았습니다.

그밖에 독특한 큐레이션 중 하나는 바로 세계 각국에서 발행된 전문 백과사전 1,300여 권입니다. 라이브러리 1층에서 계단을 올라가면 다락방처럼 배치된 백과사전 공간이 나옵니다. 절판되거나 구하기 어려운 희귀본까지 비치해 두었습니다. 온라인 백과사전인 '네이버 지식백과'의 모태가 되는 백과사전을 이곳에서 실물 책으로 볼 수 있어요.

집마다 백과사전 한두 권쯤 갖고 있던 시절이 있었습니다. 인터넷이 없을 때는 모든 정보를 바로 책에서 찾아봤으니까요. 백과사전은 모든 지식을 한 권에 찾아볼 수 있는 책이었죠. 네이버 라이브러리에서 백과사전 큐레이션을 보면서 과거의 향수를 느끼는 것도 좋지 않을까요.

또한 '매거진 룸'에는 국내외에서 발간되는 최신 잡지 250여 종을 볼 수 있는 큐레이션 코너도 있습니다. 책장을 낮게 만들어

상점의 쇼윈도처럼 훑어볼 수 있기 때문에 아이디어를 얻기도 좋습니다.

네이버 라이브러리의 공간은 세계 3대 디자인 대회인 Reddot, IDEA, IF Award를 모두 수상한 성과가 있습니다. 책읽는 사람을 최대한 배려하고, 새로운 독서경험을 줄 수 있도록 만든 곳이 특징이지요. 단 네이버 라이브러리에 들어가려면 네이버 회원가입이 필요하고, 대출서비스는 제공하지 않습니다. 소장도서 검색은 네이버 라이브러리 홈페이지에서 가능합니다(library.navercorp.com).

경기도 성남시 분당구 불정로 6, 1층, 2층

오산 꿈두레도서관

캠핑과 독서라니! 정말 낭만적인 조합이 아닐까요. 오산에 있는 꿈두레도서관은 전국 최초로 시도된 독서캠핑장입니다. 아기자기한 모양의 캠핑동은 상상력을 키워주는 공간이지요. 특히 한여름밤의 추억을 만들기 위해 독서캠핑을 신청하는 사람들이 상당수입니다. 이미 TV에서도 여러 번 방송된 적 있어서인지 예약하기가 쉽지는 않습니다. 이곳의 특징은 책을 좋아하지 않는 사람들도 자연스레 책을 읽는 마법 같은 분위기예요. 책읽기의 환경이 얼마나 중요한지 보여주는 곳이죠. 모든 것을 잊고 독서에 집중할 수 있는 공공도서관 캠핑장이라는 점에서 특별합니다.

매월 1일 오전 9시에 인터넷으로 선착순 신청을 받고, 운영하는 요일은 금~토, 토~일로 1박 신청 가능합니다. 가족단위로 방을 배정받으며 총 4개의 동을 운영합니다. 독서캠핑장은 연중 운영되지만 오산시 도서관 회원증을 발급받은 오산 시민, 자녀가 있는 가족만 신청 가능한 곳입니다.

오산은 경기도 내에서 신혼부부나 어린 자녀가 있는 가족 등 젊은 인구가 가장 많은 도시라고 합니다. 그래서 가족단위, 캠핑장 도서관 컨셉이 잘 맞았겠죠. 그뿐 아니라 열람실의 구조가 대체로 탁 트인 높은 공간이며, 북적이는 모습이 활기찹니다. 수험생보다는 어린이나 유아가 많이 이용하는 도서관입니다.

독서캠핑장의 이용수칙 중 하나는 바로 퇴소시 독서감상문을 제출하는 것인데요, 짧게나마 글을 남기도록 규칙을 정해놓았기 때문에 독서를 할 수밖에 없습니다. 하늘을 바라보며, 숲에서 바람을 느끼면서 책을 읽는 자연이 도심 속에 있다는 게 매력적입니다. 단순히 책을 읽고 대출하는 공간을 뛰어 넘어 여행지로서의 도서관이 됩니다.

오산 꿈두레도서관이 개관한 이후 전국의 도서관에서 너도 나도 여름밤 캠핑장을 마련했습니다. 도서관 마당에 텐트를 치거나 옥상이나 어린이실에 텐트를 만들어 독서할 수 있는 장소를 마련한 곳도 늘었지요. 아이들은 자기만의 공간, 좁고 협소한 곳에서 책읽기를 즐깁니다. 이러한 독서캠핑장을 보면서 책 읽는 환경에 대해 생각해볼 수 있습니다.

아이들은 뛰어놀기를 좋아하고, 활동적이기 때문에 도서관의 갇힌 공간이 답답할 수도 있습니다. 외향성이 강한 아이들은 가만히 앉아 책을 읽지 않습니다. 이럴 때는 캠핑장 같은 자연 속에서 책을 읽는 경험을 해봐도 좋을 것입니다. 책은 꼭 도서관처럼 조용하고 책이 가득한 정적인 환경에서만 읽는 게 아닌 걸 깨닫겠죠. 언제 어디서든 책을 읽을 수 있는 환경은 내가 만들어가기 나름이라는 걸 느낄 수 있을 테니까요.

경기도 오산시 세마역로 20

경기도 이천 마장도서관

이천 마장도서관은 큐레이션의 시대를 맞이하여 발 빠르게 '북큐레이션 전문 도서관'으로 탈바꿈한 최초의 공공도서관일 것입니다. 북큐레이션은 좋은 책을 독자와 연결하고 방향을 제시해주는 과정입니다. 변화하는 시대에 독자의 마음을 이해하고, 라이프 스타일 및 취향을 읽어 책을 디스플레이하는 것도 공공도서관이 갖추어야 할 역할입니다. 따라서 사서들은 이제 북큐레이터의 역량을 갖추어야 합니다.

이천 마장도서관은 북큐레이션 전문 도서관으로 변화하기 위해 여러 가지 방법을 모색했습니다. 그 결과 다섯 가지 섹션의 북큐레이션 코너를 만들고, 사람을 읽는 일에 집중한다는 목표를 반영하고 있습니다.

첫 번째 섹션은 '마장의 서재'라고 해서 한 해의 테마 및 월별 세부 테마로 주제 도서를 선정한 코너입니다.

두 번째 섹션은 '마장 컬렉션'으로 숨어있는 좋은 책을 찾아내 다양한 주제로 엮어내어 전시하는 곳입니다. 독자에게 어떤 책을 읽어야 할지 권해주는 듯합니다.

세 번째 섹션은 마장 크루's Pick이라고 하여 마장도서관 사서들이 직접 읽은 책을 추천하는 코너입니다. 추천하는 이유, 인상 깊은 구절 등을 사서의 손글씨로 기록하여 이용자의 재미와 흥미를 높였습니다. 도서 원본이 손상되지 않도록 인상 깊은 구절에 투명 필름(OHP필름)을 사용하여 기록해 놓았죠. 부쿠서점의 '부쿠픽'(부쿠's pick)에서 아이디어를 얻은 듯합니다. 부쿠서점 역시 부쿠픽 큐레이션의 책이 가장 구매율이 높았습니다. 도서관에서도 아날로그 감성이 통하는 거죠.

네 번째 섹션은 '마장의 북 테라피'코너입니다. 심리상태에 따라 선택 가능하도록 책의 특징을 담아 처방한 도서를 북홀더에 한 권씩 전시했습니다.

다섯 번째는 마장도서관의 이용자가 직접 참여하는 큐레이션 코너입니다. '이웃의 책장'이라는 큐레이션에는 자신이 읽은 책을 직접 추천하고 이유와 느낌 등을 메모지에 적어 전시합니다. 이웃이 어떤 책을 읽는지 살펴보는 재미도 있습니다. 이러한 큐레이션을 통해 도서관은 바로 이용자가 함께 만들어나가는 공간이라고 생각하게 해줍니다.

큐레이션 서점을 적극 모방한 방식의 다양한 이벤트도 돋보입니다. 매월 마지막 주 수요일 '문화가 있는 날'은 사서가 선정한 추천 도서를 '블라인드 북 패키지'로 서비스하는 것입니다. 포장지에 적힌 몇 가지 단어나 힌트만으로 책을 선택하게 합니다. 또한 어린이 대상으로는 '블라인드 처방 북(상황에 맞는 도서를 처방전 형식으로 제공)'및 성인 대상으로는 '블라인드 러키 북(키워드와 첫 문장만을 보고 선택하여 대출)'서비스를 제공합니다. 서점이 아니기 때문에 판매가 아닌 대출 서비스가 되겠죠. 이러한 서비스를 통해 자신의 취향을 찾아가며 책을 읽는 설렘도 발견합니다. 이처럼 차별화된 큐레이션 서비스로 이용자의 대출률이 높아집니다. 마장도서관은 사람과 책을 이어주는 도서관 본연의 기능에 충실한 곳입니다.

경기 이천시 마장면 마장로 11

경기도 광주 퇴촌면 '책읽는베짱이'

2013년 문을 연 광주 퇴촌의 개인서재 도서관 '책읽는 베짱이'는 지금은 폐관되었습니다. 자신의 집을 서재로 오픈하여 도서관으로 만들었으나 운영 및 임대료의 문제로 문을 닫은 것이 아쉽기만 합니다. 그런데 지면에 소개하는 이유는 누군가가 또다시 개인서재 형태의 도서관을 운영할 때 '책읽는베짱이'를 참고할 수도 있기 때문입니다.

도서관지기였던 박소영의 저서인 『어서오세요 베짱이 도서관입니다』(그물코, 2018)에서는 그동안 나온 도서관 소식지의 일부를 볼 수 있습니다. 직접 그림을 그리고 손글씨로 쓴 〈베짱이 편지〉는 도서관 소식 및 책 소개를 담은 소식지 형태로 이용자에게 배포되었습니다. 도서관 일기를 기록하고, 후원하는 사람들에게 편지를 쓰면서 도서관의 소식을 담아낸 것입니다. 스스로 마감 기한을 정해 〈베짱이 편지〉를 쓰면서 누군가에게 닿을 마음과 손길을 생각했을 것입니다. 박소영 씨는 베짱이 도서관을 통해 아이들의 놀이 문화를 회복하고, 마을 이웃들이 서로의 삶을 들여다보길 바랐습니다. 그리고 재미있는 일을 끊임없이 벌였습니다.

'책읽는베짱이'는 주로 자신이 좋아하는 관심사인 역사, 문화, 환경과 생태에 대한 자료 및 그림책과 교육에 관한 책을 위주로 비치하였습니다. 특히 인상적이었던 큐레이션은 바로 '우리 마을 ○○○님의 서재' 전시입니다. 이웃의 삶에 영향을 준 책을 모아 전시하는 것은 의외로 인기가 많았습니다. 단순히 책 한 권이 아니라 누군가의 삶에 영향을 미친 이야기가 그 속에 담겨 있기 때문입니다. 평범한 사람들이 과연 어떠한 책을 읽고 살아가는지 엿볼 수 있는 코너였지요.

그밖에도 도서관에서 실뜨기, 종이접기, 대바늘뜨기, 책 읽어주기, 엄마 책보임, 영화보기 모임, 가족 음악회, 그림 모임이나 살림모임, 장터까지 이어졌습니다. 베짱이 도서관이 마을 공동체의 허브 역할을 한 셈이었죠. 책을 매개로 한 사람과의 만남이 결국 도서관이 지향해야 할 역할 아닐까요. 운영상 어려움을 겪고 사라져버린 '베짱이 도서관'을 통해 앞으로 도서관이 어떤 곳이어야 하는지 고민하게 됩니다.

경기도 광주시 퇴촌면 우산리 63-3

책을
읽는다는
것

　어려서부터 책에 관심이 많았습니다. 넉넉잖은 살림을 꾸리던 부모님은 비싼 전집을 사주시기가 쉽지 않으셨을 겁니다. 그러다 보니 친구 집 책장에 꽂힌 어린이를 위한 명작동화들을 부러운 마음으로 바라보던 기억이 납니다. 소심한 성격이라 비싼 책을 선뜻 빌려달라는 말을 할 수 없었지요. 가지고 싶어도 가질 수 없었고, 읽고 싶어도 읽을 수 없었던 마음으로 인해 책을 좋아하는 사람이 되었는지도 모르겠습니다.

　책을 읽고, 책에 대한 이야기를 하고, 읽은 책에 대한 주제를 다시 내것으로 써보기도 하며 지내는 시간이 행복합니다. 조용한 울림으로 다가오는 독서는 마음을 깊게 하고, 생각을 넓혀주면서 나를 변화시켰습니다.

독서는 나에게 숲길을 걷는 상쾌함이었고, 그 길에서 만나는 낯선 꽃들을 바라보는 설렘이며 환희와 같습니다. 책은 나를 가르쳐주고 나를 지지해주고 나를 이끌어주었습니다. 책은 가까운 곳에 있는 다정한 벗이기도 합니다. 내 어떤 마음도 넉넉히 이해해주는 친구처럼, 살아가는 내내 나와 함께 든든한 걸음을 놓아주고 있습니다.

오래전부터 지금까지 저는 많은 사람들 앞에서 강의하는 일을 합니다. 헤아려보니 가르친다는 명분으로 사람들 앞에 선 지가 30년이 되어 갑니다. 뒤늦게 대학을 다니면서 학비와 용돈을 벌기 위해 아르바이트한 기간을 포함하면 더 긴 시간이 될 겁니다.

저에겐 가르칠 만한 능력보다는 가르치는 재주가 있는 것 같습니다. '선생'이라는 역할을 잘 해내기 위해 노력했고, 그 과정에서 배울 수 있어서 즐거웠습니다. 그렇게 알게 된 것을 상대방이 알아듣기 쉽도록 잘 전달한다는 말을 들을 때면 감사하고 다행스러운 마음이 듭니다.

이 책의 원고를 쓸 수 있도록 도움 주신 분들이 많습니다. 먼저, 협회로 강의를 의뢰해주셨던 여러 교육청과 도서관 관계 담당자님께 감사드립니다. 북큐레이션의 매력을 느끼고 마음으로 몸으로 협회와 함께 뛰어주시는 문은경 부회장님, 박경옥 전북교육원장님을 비롯해 각 지역의 교육원장님들, 습관독서 프로젝트를 위한 비비리딩아트 연구소를 책임지시는 김은자 소장님과 연구원들에게도 감사드립니다. 부족한 사람에게 늘 잘할 수 있다고 응원하고 격려해주신 박종관 이사장님께 머리 숙여 감사드리며, 바쁜 일정을 이해해주고 기다려준 가족들에게도 미안하고 고마운 마음을 전합니다.

참고문헌(본문에서 언급한 책들)

김민아 『공부가 쉬워지는 초등독서법』 카시오페아, 2018.

김소라 『맛있는 독서 토론 레시피』 이비락, 2015.

김소영 『어른을 위한 그림책 테라피』 피그말리온, 2018.

김영훈 『4~7세 두뇌 습관의 힘』 예담, 2016.

김영훈 『두뇌 성격이 아이 인생을 결정한다』 이다미디어, 2013.

김영훈 『적기 두뇌』 경향미디어, 2015.

김영훈 『하루 15분, 그림책 읽어주기의 힘』 라이온북스, 2014.

김유열 『딜리트』 쌤앤파커스, 2018.

나루케 마코토 지음, 최미혜 옮김 『책장의 정석』 비전비엔피, 2015.

노영희, 최만호 『도서관 공간구성의 이해』 청람, 2016.

다구치 마키토 지음, 홍성민 옮김 『책과 사람이 만나는 곳 동네서점』 펄북스, 2016.

다니엘 디포 지음, 류경희 옮김 『로빈슨 크루소』 열린책들, 2011.

다카세 쓰요시 지음, 백원근 옮김 『책의 소리를 들어라』 책의학교, 2017.

다케우치 사토루 지음, 오동근 옮김 『도서관이 나아갈 길』, 태일사,

2012.

랜스 올러버 글, 모드 루이스 그림, 박상현 옮김 『내 사랑 모드』 남해의 봄날, 2018.

레오 리오니 지음, 최순희 옮김 『프레드릭』 시공주니어, 2013.

마스다 무네아키 지음, 이정환 옮김 『지적자본론』 민음사, 2015.

마스다 무네아키 지음, 장은주 옮김 『취향을 설계하는 곳 츠타야』 위즈덤하우스, 2017.

마스다 미리 지음, 권남희 옮김 『차의 시간』 이봄, 2017.

마쓰이 다다시 지음, 이상금 옮김 『어린이와 그림책』 샘터사, 2012.

마이클 바스카 지음, 최윤영 옮김 『큐레이션』 예문아카이브, 2016.

미하이 칙센트미하이 지음, 최인수 옮김 『몰입 flow』 한울림, 2004.

사사키 도시나오 지음, 한석주 옮김 『큐레이션의 시대』 민음사, 2012.

삼성출판사 편집부 엮음 『임신 출산 육아 대백과』, 삼성출판사, 2018.

신종락 『해외 서점과 출판』 시간의물레, 2008.

오카다 다쓰노부 지음, 김보나 옮김 『그림책 테라피가 뭐길래』 나는별, 2018.

요이시 시노부 지음, 남혜선 옮김『잘 지내나요? 도쿄책방』책읽는 수요일, 2018.

유디트 샬란스키 지음, 권상희 옮김『머나먼 섬들의 지도』눌와, 2018.

이범용『우리 아이 작은습관』, 스마트북스, 2018.

이선영「그림책과 북큐레이션을 활용한 독서교육 활성화 연구」2018

일본도서관정보학회, 용어사전편집위원회 엮음, 오동근 옮김『문헌정보학 용어 사전』태일사, 2011.

장동석『살아있는 도서관』현암사, 2012.

정지혜『사적인 서점이지만 공공연하게』유유, 2018.

정해심『이 나이에 그림책이라니』이비락, 2018.

콜린 엘러드 지음, 문희경 옮김『공간이 사람을 움직인다』더퀘스트, 2016.

톰 래스, 도널드 클리프턴 지음『위대한 나의 발견 강점 혁명』청림출판, 2017.

트레이시 호그, 멜린다 블라우 지음, 노혜숙 옮김『베이비 위스퍼』, 세종서적, 2001.

하바 요시타카 지음, 홍성민 옮김 『책 따위 안 읽어도 좋지만』 더난출판사, 2016.

하정훈 『삐뽀삐뽀 119 소아과』 유니책방, 2016.

한기호 『하이콘텍스트 시대의 책과 인간』 북바이북, 2017.

후지하라 가즈히로 지음, 고정아 옮김 『책을 읽는 사람만이 손에 넣는 것』 비즈니스북스, 2016.